Zeitschrift für deutsches Altertum und deutsche Literatur

Herausgegeben von JÜRGEN WOLF

Beiheft 33

Fichards Liederbuch

Mit Kommentar herausgegeben von
Burghart Wachinger

mit Auszügen aus:
Gedichte auf Kurfürst Friedrichs des Siegreichen von der Pfalz
Fehde mit Baden und Würtenberg im Jahr 1462, in: Frankfurtisches Archiv
für ältere Litteratur und Geschichte, hg. von J. C. v. Fichard,
genannt Baur v. Eyseneck II, Frankfurt am Main 1812, S. 54–69

Altdeutsche Lieder und Gedichte aus der ersten Hälfte des XVten Jahrhunderts, in:
Frankfurtisches Archiv für ältere Litteratur und Geschichte, hg. von J. C. v. Fichard,
genannt Baur v. Eyseneck, III, Frankfurt am Main 1815, S. 196–323

S. Hirzel Verlag

Die in dem Band wiedergegebenen Auszüge entstammen dem Frankfurtischen
Archiv für ältere Litteratur und Geschichte, hg. von J. C. v. Fichard, genannt
Baur v. Eyseneck II und III, 1812 und 1815.
Für die Anfertigung und Bereitstellung entsprechender Scans sei an dieser Stelle
der Universitätsbibliothek Marburg gedankt.

Umschlagabbildung:
Sammelhandschrift, Cod. Pal. germ. 837, 31r Teil XII: Lied
© Universitätsbibliothek Heidelberg

Bibliografische Information der Deutschen Nationalbibliothek:
Die Deutsche Nationalbibliothek verzeichnet diese Publikation in der Deutschen
Nationalbibliografie; detaillierte bibliografische Daten sind im Internet über
<http://dnb.d-nb.de> abrufbar.

© S. Hirzel Verlag, Stuttgart 2020
Druck: Druckerei Steinmeier GmbH & Co. KG, Deiningen
Gedruckt auf säurefreiem, alterungsbeständigem Papier.
Printed in Germany.
ISBN 978-3-7776-2793-9 (Print)
ISBN 978-3-7776-2895-0 (E-Book)

INHALT

VORWORT

Für weitere Hinweise, auch zusätzliche Überlieferungen, danke ich Gisela Kornrumpf herzlich.

Burghart Wachinger

EDITION

196

IV.

Altdeutsche Lieder und Gedichte aus der ersten Hälfte des XVten Jahrhunderts.

Denkweise und Sitten der deutschen Vorzeit in ein helleres Licht zu stellen, und Beiträge zu deren näherer Erforschung zu liefern, ist eine Haupttendenz des frankfurtischen Archivs, und dem gemäß erscheint hier in Abschrift ein Codex chartaceus in 4to aus der Sammlung des Herausgebers, der eine Folge bisher noch unbekannter Lieder und Gedichte enthält, die dadurch einen größeren litterarischen Werth gewinnt, weil sich in derselben mehrere Lieder von dem bisher nur dem Namen nach bekannten Dichter Suchensinne befinden, von denen weiter unten ausführlicher die Rede seyn wird.

Dieser Codex ist von einer und derselben Hand, mit den unleugbaren Zügen des XV. Jahrhunderts geschrieben. Die Folge des in demselben enthaltenen macht es möglich, dieser Sammlung die Mitte des XV. Jahrhunderts als den bestimmten Zeitpunkt, in welchem sie niedergeschrieben ward, anzuweisen. Das 3te dieser Lieder handelt von dem Constanzer Concilium und ist mit der Jahrzahl 1415 bezeichnet. Das 5oste und die folgende 55 und 56sten betreffen Vorfälle aus dem vierten und dem Anfang des fünften Dezenniums des erwähnten Jahrhunderts. Es muß dieser Codex demnach um die Mitte desselben geschrieben seyn. Mit neuerer Hand sind auf den letzten Seiten die drei Gedichte über die Schlacht bei Seckenheim im Jahre 1462 hinzugefügt, die im 2ten Theile dieses Archivs S. 54 und folgende erschienen sind.

Die hier folgende Gedichte sind zwar von ungleichem dichterischen Werthe, doch aber alle für die Sitten und Kulturgeschichte jenes Zeitraums wichtig. Die in lateinischen und deutschen Reimen abwechselnde Lieder, von denen diese Sammlung einige enthält, scheinen aus dem Kreise der Schreiber und Notarien, welche von den Klosterschulen die ihnen unentbehrliche Kenntniß der lateinischen Sprache mitgebracht hatten, vielleicht selbst aus dem academischen Leben der hohen Schule zu Prag hervorgegangen zu seyn. In diesen, so wie in einigen andern, herrscht eine ungebundenere Sprache, die den Genius jener Zeiten bezeichnet. Zur Vollständigkeit des ganzen Gemäldes gehören auch diese Aeußerungen der Jovialität und des Volkswitzes, und diesem zufolge wurden sie hier aufgenommen, sollten sie für anstößig gelten, so beruft sich der Herausgeber auf die Aeußerungen eines würdigen deutschen Gelehrten in einem ähnlichen Falle. S. Dozens Miszellaneen zweite Auflage I. Anhang. S. 10. Verschiedne andre, die ohne für den angegebenen Zweck zu dienen niedrige geistlose Scherze enthielten, wurden ausgelassen, und von ihnen nur die Anfangsreime bemerkt. Nun einige Worte über einzelne Stücke dieser Sammlung

III. und IV.

Die hier erwähnte Vorfälle des Constanzer Conziliums bedürfen keiner weiteren geschichtlichen Erläuterung. Ueber Erzbischofs Johannes II. von Mainz Anhänglichkeit an Pabst Johann XXIII. und den Antheil, welchen man ihm an der Flucht dieses letztern zuschreibt. S. Joannis rer. Mog. I. 730. 731. Das besondre Lob Kurfürst Ludwigs von der Pfalz scheint anzudeuten, daß dieses Lied einen seiner Unterthanen zum Verfasser habe, so wie überhaupt mehrere Umstände vermuthen lassen, daß die

12

198

hier bekannt gemachte Sammlung in Heidelberg niederge-
schrieben ward. Bekanntlich befand sich Pabst Johann XXIII.
nach seiner Absetzung im Jahre 1415 zwei Jahre lang als
Gefangner unter der Verwahrung dieses Kurfürsten auf
dem Heidelberger Schlosse.

V.

Im Laufe des Jahres bildeten ehmals die Feyer- und
Heiligen Tage eigne Perioden, die auf öffentliche und
Privat Beschäftigungen den wichtigsten Einfluß hatten.
Volksfeste, gottesdienstliche Gebräuche, vorzunehmende
Geschäfte des Stadt- und Landlebens, Zahltermine, manche
althergebrachte Auftritte des häuslichen und Familien-
zirkels, alles wurde durch diese bezeichnet, und die Zeit
vor und nach ihnen berechnet. Desto wichtiger war es,
die in jedem Monat fallende bedeutendere Fest- und Heiligen
Tage auswendig zu wissen. Dies scheint zu dem Gebrauche
der Reimkalender, oder des deutschen Cisioians Gelegen-
heit gegeben zu haben. In Gräters Idunna und Hermode
ist bei jedem Monate ein solcher Reimkalender zu finden,
von dem der hier mitgetheilte ganz verschieden ist. So
wie man die grammaticalische Regeln der römischen Sprache
in Verse brachte, um sie dem Gedächtniß der Jugend besser
einzuprägen, so auch hier mit diesen Reimen, bei denen
man viele Namen zusammenzustellen suchte, wobei Sinn
und Zusammenhang nur selten erwartet werden darf.
Dieses Namensverzeichniß wird hier und da von einzelnen
Anspielungen auf die Eigenheiten der verschiedenen Festtage,
oder bekannte Verhältnisse aus dem Leben der genannten
Heiligen unterbrochen.

VI.

Diese Satire auf den römischen Hof trennt die
Lieder der Handschrift, und ist der einzige prosaische

Aufſatz, der ſich in dieſem Codice befindet. Die Parodie auf manche Stellen der Vulgata und der nachgeahmte Styl derſelben ſoll die Schärfe des Spottes erhöhen, und es ſcheint das Ganze auf einen deutſchen Biſchof gerichtet zu ſeyn, deſſen Tugenden ihn des Palliums nicht eben würdig machten.

XII — XXIV.

Suchenſinne, ein bisher nur dem Namen nach bekannter Dichter, befindet ſich unter denen, welche der noch nicht im Druck bekannte Colmariſche Codex von Minne und Meiſterliedern enthält. Er ſchließt die Reihe der älteren Dichter und ſein Name ſteht in dem Verzeichniß der Verfaſſer, die dieſer Codex liefert, vor dem des Hans Luſth von Strasburg der 1554 lebte, und als der älteſte der eigentlich ſogenannten Meiſterſänger angeſehen wird. S. v. d. Hagen u. Büſching litterar. Grundriß der deutſchen Poeſie S. 502. desgleichen v. der Hagen, Docen und Büſching Muſeum für altdeutſche Litteratur und Kunſt, I. Heft 1. S. 237. II. Heft 1. S. 184.

Es läßt ſich aus der ihm in dem erwähnten Codex angewieſenen Stelle ſchließen, daß er zu den Dichtern des XVten Jahrhunderts gehöre, die zwiſchen den früheren Minneſängern und den Meiſterſängern in der Mitte ſtehen und den Uebergang von den einen zu den andern bilden. Dies trift mit dem Codex von welchem hier die Abſchrift bekannt gemacht wird, vollkommen überein. Da dieſer wie ſchon oben bemerkt ward, mit der erſtern Hälfte des XVten Jahrhunderts ſchließt, und eine Sammlung gleichzeitiger Gedichte enthält, ſo läßt ſich die Lebenszeit dieſes Dichters auf denſelben Zeitraum beſtimmen. Sein Name iſt ohne Zweifel, kein Geſchlechts= ſondern ein willkührlich ange= nommener Beiname wie Suchenwirt und Suchen-

200

danck. S. den angeführten Grundriß der deutschen Poesie
S. 408 u. 411.

L.

Der Krieg der Züricher mit den übrigen Eidgenossen,
der im Jahre 1436 begann, brachte die erstere sehr ins
Gedränge. Sie schlossen, um ihrem Glücke wieder aufzu-
helfen 1442 ein Bündniß mit König Friedrich III., das
bei dem Unwillen der Schweitzer gegen das Haus Oester-
reich, diese sehr erbitterte. Die damalige Schwäche
Oesterreichs, verbunden mit Friedrichs Unthätigkeit und
Geldmangel (auf welchen die 10te Strophe des Liedes an-
spielt) konnte die Lage der Züricher nicht verbessern, die
1450 einen nachtheiligen Frieden schließen, und dem öster-
reichischen Bündniß entsagen mußten. Das Lied selbst
scheint zu Anfang des Jahrs 1443 gedichtet zu seyn.

LV. und LVI.

Zwei Lieder aus der Epoche des schwäbischen Städte-
bundes, und der Fehden desselben gegen Würtemberg und
den Landadel, die hier ausgelassen wurden, um sie künftig
anderwärts mit dem Commentar eines der verdientesten
deutschen Gelehrten erscheinen zu sehen.

LXI.

Das älteste der deutschen Kartenspiele scheint das
Karniffelspiel zu seyn. Breitkopf in seinem Ver-
such, den Ursprung der Spielkarten zu erforschen 2c., I. 217.
vermuthet, daß dessen Ursprung nicht weit über das XVIte
Jahrhundert hinausgehe. Das hier mitgetheilte Lied be-
weißt, daß es bereits in der Mitte des XVten sehr allge-
mein bekannt gewesen seyn muß. Der Verfasser eines

Auffaßes »Beitrag zur Geſchichte der deutſchen Kartenſpiele« in dem Januarheft des deutſchen Merkurs Jahrgang 1783, hat uns die Weiſe wie dieſes Spiel noch unter dem Land-volk in Thüringen geſpielt werde, aufbehalten, er glaubt S. 73. daß dieſes Spiel »weil es hauptſächlich zur Zeit der Reformation üblich geweſen« ſich auf den Streit der welt-lichen Macht wider den päbſtlichen Stuhl gründe.

Wir ſehen hier, daß dieſes Spiel bereits zu den Zeiten der Coſtnizer und Basler Kirchenverſammlungen üblich war, wo die Ideen von der weltlichen und geiſtlichen Obermacht und ihrem Zuſammentreffen, durch die Vorfälle der Zeit auch unter dem größeren Publikum rege gemacht wurden. Spangenberg in ſeiner Schrift wider die böſen Sieben in des Teufels Karnöffelſpiel führt aus einer älteren Flugſchrift von 1537. »Frage des — Ordens der Kartenſpieler an das Concilium zu Mantua« mehreres an was über dieſes Spiel einigen Aufſchluß giebt. Man ſieht daraus daß die höchſte Karte, der Karniffel einen Landsknecht vorſtellte, der den Pabſt und Kaiſer ſtach. Vermuthlich lag alſo dieſem Spiel die Idee von der Wich-tigkeit des Militairſtandes, ſo wie die Möglichkeit durch dieſen die höchſte Würden zu erringen, und über jede geſez-liche Macht im Staate ſich zu erheben, zum Grunde.

Das hier mitgetheilte Lied beweißt, daß die vier hei-lige Kirchenväter, der Pabſt, der Kaiſer mit einem Gefolge von Grafen und Freiherrn und der Teufel auf den einzelnen Karten gemalt waren. Die Hauptkarte, der Karnuffel ſcheint hier unter dem Namen Heintz eff (affe) mich wol vorzukommen, der oft unerwartet das auf dem Spiel ſtehende Geld einzog.

Zum Beſchluß folgen LXIII und LXIV. zwei größere Gedichte, die beide älter wie alles andere in dieſem Codex enthaltene zu ſeyn ſcheinen. Der Gegenſtand des erſteren iſt

202

eine Allegorie über die verschiedene Bedeutung der Farben.
Ein Gegenstand der von mehreren Dichtern des Mittel=
alters behandelt ward. S. Grundriß der deutschen Poesie ꝛc.
S. 317 — 19. Doch sind die an diesem Ort angeführte
Gedichte von dem hier mitgetheilten ganz verschieden. Das
Leztere, welches von den guten und schlimmen Eigenschaften
eines Regenten handelt, scheint dem bekannten Lehrgedicht
König Tyro von Schotten nachgebildet zu seyn.

I.

Ein liet und ein spruch von bruder C.

I   »Deus in adiutorium meum intende«
Sprach ein hubsches nunnelin daz waz behende
» Venite et venite «
Es ist bruder Conradt. Sie sprach »silete «

II   » Miserere mei Deus « zu aller zyt
Wer ist der an mynem bette lyt
» Venite exultemus
Liebe swester « stemus et oremus «

III   » Inclinate capita vestra «
Es geschach in der fasten »flectamus genua«
Da sprach bruder Conradt » levate «
Wir wollen rügen. Sie sprach » non cessate «

IV   Da sungen sie die metten, bisz man die prime hube an
Er lasz ir »quicunque vult « bisz man die tercie began
Er lasz ir den » de profundis«
Liebe swester habe dir das« cum iocundis «

V   »Domine probasti me« wie gefall ich dir
» Tu cognovisti me « in siben stunden [1]) zwirnet
Da sprach sich die schöne usz nötten
» Dilacero tua Domine« die wil mich döden

---

1) zweimal.

204

VI	Da snngen sie die messe« terribilis
	La re fa re »ut in excelsis«
	Bisz an das graduale
	Liebe swester habe dir das zu dieszem male.

VI Da snngen sie die messe« terribilis
La re fa re »ut in excelsis«
Bisz an das graduale
Liebe swester habe dir das zu dieszem male.

VII »Mirabilia testimonia tua Domine«
Lieber bruder Conradt singe mir der nonen me
»Gressos meos dirige«
Nach dinem willen »volo vivere«

VIII »Sede a dextris meis« bruder Conrat
Er greiff sie da metten zu dem bette, druck
»Letatus sum in te«
Dinen willen »semper intelligere«

IX »Recordare mei dum steteris«
Ich han dir dicke vil dinst getan in der tenebris
»In conspectu tuo« ich bit dich din
Trüwe das du gedenckest myn

X »Pater mi confiteor nechtent« was ich fro
Mit unserm bruder Conrat des orden stund also
»Juventutem meam«
Hat er wol befunden »eum diligam«

XI »Misereatur mei »liebesz swesterlin«
Ich enkan numme gehelffen das bringet mir grosze pin
»Parce servo tuo«
Suche ein andern iungen der dich mach fro.

205

II.

Ein hubsch liet von einer dochter und von einem stoltzen schriber.

I 1 Amabilis puella
Per omnia tenella
Basiorum mella
Dulce ore mihi prebuit

2 Ein iungfrauw minnicliche
Gar hubsch und weidelichen [2])
Bot mir gar tugentliche
Iren chusz usz irem mund rosenroit

3 Hec iuncta muris edi
Cui letus consedi
Dona tum dedi
Quod fieri de iure debuit

4 Da begund ich zu sitzen
Zu ir mit hubschen witzen
Mit sinnen und mit listen
Ich mich der lieben in iren dinst verbot.

5 Tandem prece victa
Dormitum ivimus
Ibi consuevimus
Cum culis alternatim stramen construimus.

---

2) weidelich, zierlich, angenehm.

206

6 In einem bett bezwungen
Da sprach ich sie an die fart
Das Kindelin was so zart
Von unser beyder mynnen das stro zurieben wartt.

II 7 De mane cum surrexit
Caput crinale texit
Quod prius bene pexit
Ac si nesciret ludum veneris

8 Des andern morgens zware
Satz ein krentz ebn uff ir hare
Auch die vil clare
Als ir die mynne nie were worden chunt.

9 Tandem mater experta
De nostro ludo certa
Mater deridens serta
Imprecabatur anni tenuis

10 Die mutter satz ir synne
Darnach sy des inne
Von unszer beider mynne
Und sy begund die tochter straffen da

11 Dicensque« ornavit
»Crinale roseo
»More virgineo
»Cum iam sis suberrata culo femineo.

12 Sie sprach, wer heiszt dich tragen
Ein iungfreulich wat ²)

---

2) wat, Gewand, Kleid.

Esz ist ein missetat
Ich weisz wol das ein schriber by dir gelegen hat

III 13 Mater tecum iam stare
Nolo tunc numerare
Sed volo portare
Id quod prius portavimus

14 Mutter ich wil dir sagen
Mit dir wil ich nicht pagen [3])
Ich will den bortten tragen
Den ich vor malz getragen han

15 Est rusticus in villa
Qui credit quod sim illa
Casta pridem ancilla
Quamvis hac decus fecimus

16 Ich hab mich wol entsprungen
Mit einem Schriberiungen
Damit ist mir gelungen
Der buwer weisz nicht wasz ich hab geton

17 Hunc inazinabo [4])
Pulchris coloribus
Electis floribus
Non credit me strupatam [5]) posterioribus

---

3) pagen, streiten.
4) vielleicht von dem Wort Asinata, eine Eselsladung (S. Du Cange)
    abzuleiten.
5) Stropiatus, mancus. (Du Cange).

208

18   Den wil ich betriegen
     Mit hubscher clugheit
     Ich weisz mich also gemeit [6])
     Als ich het nie gemynnet des swur der buer ein eit

III.

Von dem Concilio zu Costentz von herren.

   In den iaren da man zalt
     Das Ihesus was worden alt
     XV iar und vierhundert
     Alle die welt das verwundert
5   Zu Costenz in dem concilio
     Von Konig Wentzelao   Rex Bohemie
     Der Konig in Behem ist
     Und zu einem Narren worden ist
     Ketzer, narren, sint sin rait
10 Die sant er dar in ein ambasiat
     Aller der Welt ist worden kuntt   Rex Romanorum
     Der stritpar her konig Sigmuntt
     Der durch sin dogent schon
     Besitzet dez romischen richesz kron
15 Er ist bewert des keiszers rich
     Sin macht ubet wunderlich
     Sins richis lowe der griezet [1])
     Sin adeler das zurnet [2])

                                                 Zu

---

6) gemeit, artig, lachend, heiter, (unbefangen).
1) griezen, verwunden, zerfleischen.
2) zurnen, streiten.

Zu machen in der cristenheit
20 Der dryher bebst ein einickeit
Sin rich und auch sin leben
Wil er dar umb geben
Die fürsten hatten einen mutt   S e r v i n e q u i t i a e
Das ducht den tüfel also gutt
25 Dem rechten waren sie gehasz
Aber Got der stercker was
Vor dem der welt wiszheit
Ist gar und gantz ein torheit
Babist J o h a n wo ist din golt   J o h a n n e s p a p a
30 Das hertzog f r i d e r i c h nam zu solt
Das er dich solt geleiden
Du hast verlorn die selbe sum
Din syn din ere sint worden tum
Hertzog friderich dir das drawt
35 Das ir sint bede der eren beraubt
Wo hettest du das vor einem iare gelaubt
Durch geltes willen b e r n h a r t M a r c h i o B a d e n s i s
V o n B a d e n dez ein hilffer wart
Ich fuchte er sy in schulden
40 Und müsz es helffen dulden
Bischoff hans v o n M e n t z   E p i s c o p u s M o g u n -
Der nam ein presentz   t i n u s
Und hub sich von Costentz
Im wartt we da er wolt
45 Als ein hunt der da hincken wult
Der hincket wan er wil
Boser ducke kan er vil
Ach du vergifftig slange
Wie gelept du ye so lange
50 Du bist dinem stifft
Ein rechte dodes vergifft

210

     Du wüste hülffe der missetat,
     Aller laster an dir statt
     Dins namen unwirdig bist
55 Ein verkeuffer des antichrist
     Johannes ist din name
     Jehenna ist der flamme
     Den dir der tüfel hat bereit
     Mit dinen gesellen in ewickeit
60 Alle boszheit wert ein zil
     Als lange als es got verhengen wil
     Babist iohan sprache besunder   Johannes papa
     Vor allen dingen hat mich wunder
     Das der pfaltzgrave by rine
65 Ye als gedorstig [3]) dorste sine
     Das er sich alleine
     Weder alle welt gemeine
     Under want zu streben
     Gregorium nit zu begeben
70 Dan mit eins concilii rait
     Als das got geordent hat
     Der den sin nit entlait.
     Der hoch gelopte furste   hertzog ludwig
     Den nach dem rechten durste
75 Der hat wol bewert
     Sinen ernst mit dem swert
     Dem konig und auch dem concilio
     Das sint die Gregoriani fro
     Von naturen er nit hait
80 An nu keinerley missetat
     Sin hertz underwisz i
     Was da glücklich müg gesin

---

     3) gedurstig, verwegen.

Er helt dez rechten warheit

Ein liebheber der pfaffheit

85 Er ist an alle melde [4])

Got beschere im selde [5])

Ein guttes ende durch sinen namen

Das das geschehe sprechent Amen.

IV.

Metra de principibus.

Anno Milleno C quatuor et secundum XV

Bohemie regém quem novimus infatuatum

Expertem dicimus nunc impropria quoque litare

Rex delectaris Sigmunde consociari

5 Tu triumphari prae caeteris [1]) culmen fari

Habet tamen mentes, hunc postergare [2]) studentes

O Papa Johannes cur dabas, stimulatus eris

Bate [3]) perverteris sic honore nullo frueris.

Lues et merito duci Domino Friderico

10 De Baden iuve castra marchio pugnere quaerit

Venenosa anguis praesulque Maguntinus

Sordida fex sceleris vitio nullo careris

Johannes dictus sed Jehenne crucieris

Princeps egregius palatinus dux Ludewicus

15 Expertus ensi concilio Constanciensi

---

4) melde, Verrath.

5) selde, Glückseligkeit.

1) (debes)

2) Postergare, posthabere, contemnere, negligere. Du Cange.

3) Batus ein Kahn, Bateau (Du Cange). Vielleicht eine Anspielung
auf das Schiflein Petri.

212

Nature cursus nil pravi contulit illi
Natus cor sit eius ad prospera cuncta fecundatus
Tenet hoc verum fovens clerum quoque iustus
Zyma robustus sceleris ipse caret

V.

Ein tutscher kollender und ist mit dem ersten der erst mond Januarius.

I   Besnitten ist das Kint
Dri Konig, sant Erhart, gesind
Den stern wiset sie sus ¹)
Waren komen Marcellus, Anthonius
5 Prisca sag Fabiano
Agnes Vincenten wil han. Paulus Polycarpen
Mit gantzen trüwen wil wartten

Februarius.

II   Brigid Maria Blasius sach
Agatha Dorothea sprach
Rat getrülich Scholastica daz ym stat
Valentin lasz Yolian sach
5 Uff den steinstul sitzen
Petrus und Mathias
Die pflegen groszer witzen.

Martius.

III   Mertz und Chünegund Adrian
Das dornstag ze ²) hat sagen

---

1) Sus, sonst.
2) hat, Nuzen, Vortheil.

Den lerer G r e g o r i e n
Sal man dennoich fragen
5 G e r t r u d gib herberge gut
B e n e d i c t e n so wird wol M a r i a gemut
R u p r e c h t lieber knecht habe vor gutt.

A p r i l i s.

IV April unsteter schein
A m b r o s i u s kan vil latin
Der lert dich das
Du solt T y b u r t z volgen basz
5 Sich V a l e r i a n groisz ellend wir förchten tzwig [3]
G e o r g e n M a r k u s gab ende
V i t a l das wende.

M a i u s.

V P h y l i p p u s, daz K r ü t z e ist, sant
J o h a n n e s dienet deme gedanck sye
Mit gantzen truwen
Jungfrauw S o p h y
5 M e y bringet laub und grass gar snell
Und rit U r b a n uff den groszen iarmarkt [4]
Kegen P e t r o n e l l.

J u n i u s.

VI Hilff getruwer E r a s m e
Usz groszer armut
Wir dancken P r i m wasz er uns guttes dut
V i t sich hebz ein groszer strit
5 Bezwinget zu fryel

---

3) Zwieg, zwierig doppelt.
4) Anspielung auf das Urbansreuten. S. Waldau Beiträge zur
Geschichte Nürnbergs II. 565.

214

Johannes teufft henselen me
Slaff sprach Petrus Paule.

Julius.

VII   Sprich process daz Ulrich
Sin teyl Kylian gelich
Darumb wil Margred senden
botten zu Alexen
5 Arnolphes sprach zu fraw Magdalen
sage Cristin
Jacob wolle er mir truwen by sin.

Augustus.

VIII   Peter Cristoffel Steffan
Konig Oswalt sich Affran an
By Laurentz und sant Ypoliten stan
Maria du solt unsz geweren
5 Bernhard dient Tymotheo gern
Bartholomee du solt leren
Augustin zu gutem keren.

September.

IX   Egidius drinck win und bitte die
Jungfrau Mari
Daz uns die hohe des crutzes die scheyne
Herre Lamprecht du sage
5 Sancte Mattheus zu saltzburg Ruprecht frage
Wie Behemen Wentzelaus Michel clag
In Festum sancti Jeronimi.

October.

X   Tustan du hast Francissen truwelich gewangen
Marcus du heisz bundig prangen

215

Osterrich Colman hat erhangen
Galle bleib Lucas schrib
5 Die Ursule zu kollen bevangen
Das sol schreiten Symon Judas
Regenspurg Wolffgangen.

November.

XI Heilige allegemein
Las usz Lenhart der reine
Und ysz Mertin
Mit Briccio die gans alleine
5 O Thoma mit Elizabeht
Schauwe wir mueszen no steen
Katherin Cunrad frag nach sante Andree.

December.

XII Elogius hilff bietten Barbaram
Daz Niclaus uns Marien genade bitte
Zu Venedige Lucia gnedig lit
Herre gib unszme lebene frist
5 Thoma kundz uns geboren Crist
Steffan Johannes Thomas frund ist
Silvester papa propera

VI.

Passio secundum curiam romanam.

Passio in curia romana secundum aurum et argentum.
In illo turbine dixit Dominus Papa Cardinalibus suis.
  Cum venerit filius hominis ad sedem Maiestatis sue
  vere dicite ei.
5 »Amice ad quod venisti.«

216

At ille diu morans et nihil dans eiicite eum foras ad
tenebras exteriores.

Cardinales vero dixerunt.

»Domine quid faciamus ut pecunias possideamus?«

10 Dominus Papa vero dixit

Quomodo legis, vero est scriptum »Dilige aurum et
»argentum ex toto corde tuo et divitem sicut te
»ipsum, et hoc facite in meam commemorationem
»et vivetis in eternum.«

15 Tunc venit pauper clericus qui oppressus fuerat a suo
episcopo et clamavit voce magna, dicens.

Miseremini mei, vos saltem ostiarii Domini pape, quia
manus paupertatis tetigit me, et peto ut subvenia-
tur paupertati mee et miserie.

20 At illi dixerunt.

Quid ad nos paupertas tua, tecum sit in perditionem.

Tunc pauper clericus ivit ad forum, vendidit gladium
pileum et capucium. Primo dedit Cardinalibus,
secundo ministris, tercio vero ostiariis.

25 At illi dixerunt. »Et quid hec inter tantos, et eiecerunt
eum foras.

Non post multum vero temporis venit dives Episcopus
impinguatus et letatus, qui homicidium fecerat, et
cum eo turba multa

30 Cardinales vero audientes et voce magna clamantes
»Advenisti desiderabilis quem exspectabamus in bursis
nostris. «

Tunc dives vero Episcopus dedit ipsis copiam auri et
argenti

35 Cardinales vero dixerunt! Hic homo vere iustus et
sanctus est

Dominus papa vero dixit: Amice ascende superius et
erit tibi melius.

217

Sic homo salvatus est in die illa. Unde erunt divites
40   primi et pauperes novissimi.
Unde quantum habes tantum vales. Si non habes non
        vales. Unde versus.
Proficis in nichilo dum venis absque dativo.

VII.

Eyn lietlin.

I   Fur all disz welt liebt mir eyn bild
     Dem bin ich froind und es mir wild
     Mocht ich mirs lieblich machen zam
     Das ir wurde ir hertz gemein
5   Das sie mir buet ein fruntlich wort
     So het ich menschen stym nie gehort
     Die myn so gantz gar gewaltig wesen kund

II   Mich zwinget ein lieblich bild darzu
     Was ich frolich verpurgen zu
     Das dun ich alles in solicher gemein
     Wan sie mir liebt vor allen gemeinlichen
5   Und gedar ir das sagen nicht
     Ich fücht sy schetz myn red für nicht
     Und bin bekrenket in lieb alle stund

III Ich han sy erwelt in rechter kür
     Die ich deglich in herzen spür
     Mit gantzem fliesz mein ichs an ende
     Die ich in lieber sach erken
5   So will ich harren uf gnad
     Als lang bisz ich mufz werden müd
     Ob sye mir swur ein lieblichen bundt.

213

VIII.
Eyn suberlich lyetlin.

I Wist du es recht liebes freuwlin zart
   Wie aller wunsch gantz an dir lit
   Ich mein dins glichen ny geboren wart
   Dort her so lang seyt adams zyt
5 Noch niemer mer geboren wirt
   Dy so recht schön sy geformieret
   Ir lieb mit clarheit ist bezieret
   Des mag ir gut wol freuwen sich.

II Das mir erfreuwet als myn gemuet
   Und lieblich und wesen kan
   Mit 1) gebaren mit schön mit aller güt
   Es gesach din gelich halt nie kein man
5 Wart ye kein mensch umb schön geert
   Des werst du tusent stund wol wert
   Din schön hat sich an dir gemert
   Nieman kan vol loben dich.

III Ich weisz nit wie ich dich inne pring
   Das mir kein mensch ny lieber wart
   Ye doch nert myn hertz dir gut geding
   Wie ich dich solt frölich sehen an
5 Und erzelen myn stette trw
   Dy ich dir teglich trag an rw
   Den lieb in lieb dye ist so nü
   Drut 2) frauw des lasz genyesen mich.

---

1) Gebar. Gebährde.
2) drut, traute, theure, werthe.

IX.

Eyn ander suberlich lytlin.

I Das weder hat verkert sich
Das spür ich an den winden
Ich wand ich het gesellz mich
Do ich vil freude finden
5 Nu weisz ich leider wie ym ist
Die sonne ist undergangen
Esz [1]) reget mir zu aller frist
Dar ymme mir synne und mut gebrist
Und lebe doch eins gedingen. [2])

10 Ein blümlein zart und ytel fin
Ist myns hertzen off enthalten
In grün schwarz rot es mir erschein
Min trost myn hort ist myn allerliebstes ein
Hilff mir mit truwen alten.

II Ich hat mir selber uszerwelt
Zu troste in mynem hertzen
Ein felcklin das mir wol gefelt
Uber aller falcken dertzen [3])
5 Das müst ich widder fliegen lan
Mit angestrickter schellen
Esz wold sich wol gemuset han
Wolt esz zu mynem luder stan
So werren wir gutt gesellen.

---

1) regen, regnen.
2) gedinge, Hofnung, Zutrauen.
3) ein technischer Ausdruck der Falknerey scheint ein Falken-
   Männchen zu bedeuten, conf. Schrz.; terze u. Valkenterze
   Bragur VI. Abtheil. II. 184.

220

III   Glück ist [4]) senwel als man do spricht
            Dez han ich ein gutz gedinge
            Min hoffenung und myn gute zuvorsiecht
            Die sollen mich zu freuden bringen
 5   Sit niemant lieb an leid en hat
            Wesz solt ich den genieszen
            Min hertz in groszem unmut stat
            Bis sich das weder nieder lat
            Der zyt [5]) geret mich sere verdrieszen.

10   Ein blümlein zart und ytel fin
            Ist myns hertzen off enthalten
            In grün swartz rot es mir erschein
            Min trost myn hort ist myn allerliebstes ein
            Hilff mir mit truwen alten.

X.

Eyn suberlich lytlin.

I   Mich frauwz daz ich niemant sag
            Ir wiplich gut
            Git mir gemut
            Und liebz mir von tage zu dage
 5   Dugend adel und auch ere
            Das lyt an dir mit guter lere
            Zu dir ich all myn synne kere
            Und ich doch nit reden gedar
            Ob du nit selber merken wilt
10   Das kömpt von rechter liebe dar
            Darumb ich swig uff genaden zil

---

4) senwel, sinwel, rund.
5) geren, begehren, verlangen.

221

Sende mir dinen gnaden grufs
Gein disem guden nuwen iar
So wirt mir sonders druren basz
15 Und gewint myn unmut urlob zwar.

II   Als din gebiet ist mir leid
Das halt ich fest
Durch alles best
Das din hertz nit anders findet
5 Kein zwifel ich von dir nit lyd
Was dir misfelt zwar ich das myd
Und sorg auch klein uff niemantz nyd
Gewaltig bistu der Sinne myn
Nach dir versenket mich ellend
10 Libe mir ein drost des Herzen din
Damit ich als myn liden wend.

III   Lieplicher schien was ich gedenck
An unser lieb
Myn leyt vertrib
Das schafft das ich von dir nit wenck
5 .Din wurdickeit din angesiecht
Das ist freud und anders nit
Darzu hab ich myn truw verpflicht
Soll ich so fil glückes han
Das dir myn hertz wurde bekant
10 So würde myn elend hin gedan
Des sy din edele genad der mait.

222

XI.

Ein suberlich lyetlin.

I   Ich schickt den liebsten gesellen myn
     Zwene hunde han wolle zu iagen sin
     Wer da by unverdrossen ist
     Willigis hertze und stetigen mut
5   Die hunde sint wol zu iagen gut
     Wo du mit hut vorsorgen bist
     Vor binde mit druw vor hie und dort
     Hebe selbe ane das beste ort
     Lose ydermann mit siner Wort
10   Vil hunde frauwz widerbellen.

     Juch dar mit mut gar
     Bifz unverzagt
     Wil hait manigen hirtzen eriaget
     Glücke und heile sy dir bedaget
15   Freude mufz dir din Horn erschellen.

II   Ye edeler diere ye wilder sin
     Es wencket her und wenket hin
     Das lafz dich nit erschrecken
     Sprich ane din eygen willickeit
5   Bist du zu iagen eme bereit
     Es laufft dir zu der hecken.

     Hast du willige hunde by dir
     Die lasz nit wenden din begir
     Ein einiger hunt hebt wol ein diere
10   Hat er gut iagegesellen
III   Der falschen rede ist leider fiele

Welch gut geselle den folgen wil
Der ist am mut verdorben
Nu folge alleine dins hertzen rat
5 Williger mut mit frier dat
Hat manige brysz erworben.

Nit bessers raits ich mich vorstan
Bisz willig stede habe guten wan
Von hertzen lust solt du nit lan
10 Wilt du das dierlin fellen.

XII.

Eyn suberlich lytlin. Suchensynne.

I   Ein junger knabe ane argen pin [1]
Der bat ein iunges töchterlin
Er sprach und wilt du werden myn
So lasz uns liebe versuchen

5 Das tochterlin sprach wo wilt hin
War stet dir hertz mut und der sin
Du siehest wol das ich ein dirlin bin
Die wisen werdent uns fluchen

7 Das tochterlin sprach, suche dir ein wise frauwe
10 Die dir rat und lere kunne geben
Zu gutter ere das fuget dir eben
Das rade ich dir mynneclichs leben
Lasz dich in eren schauwen

---

[1] Pein, Schmertz.

224

II   Der Knabe sprach ane argen wan,
Die ich so lange gesuchet han
Der wil ich wesen undertan
Des halt mich liep in hertzen

5   Ob ich an dich begeren wolde
Anders dan ich billich solde
So wirt mir iungfrauwe numer holt
Din ere vertribet smertzen.

Da sie das horte das er wolde bliben stede
10   Sie sprach verstant ein ding an mir
Wolt ich so vil gebieden dir
Gewer mich nit halt din zir
26   Hut dich vor misseteden

III   Vi manig frauwe hat den mut
Irme diner sie gebietten tut
Far uber mere vertzer din gut
Herynn noch acht sie sin cleine.

5   Vil mannig frauwe den sieden hat
Sie gebut irme diener fru und spat
Renne berg und dale das ist myn rat
Da by ich keine truwe meyne.

O lieber Knabe lafz die Thorheit bliben.
10   Rennestu brügk berg und dal
Wirt dir ein ungefuger fal
Ist iz din ernst ez ist myn schult
Ich kann den wechsel trieben.

Werre

225

IV Werre aber das dir leit gescheet
    By fienden da man manheit sehe
    Wisz das ich dich nummer versmacht
    Mit truhen in dem hertzen

5   Habe got lieb sprich frauwen wol
    Bisz freudig da man billich sol
    Ich wil dich machen freuden vol
    Mit truwen ane smertzen

    Suchensynne der musz die iungen kinde prisen
10 Der knabe was iung, iung was die maget
    Eins riet dem andern wirdekeit
    Wer solich liebe in hertzen treit
    Dem wil got freude bewisen

XIII.

Eyn suberlich hübscher höfficlicher spruch
    von eynem priester und von eyner
    frauwen wie eyns weder das ander
    sprach.

I   Ich quam uff ein ¹) anger wide
    In der liebsten sommerzyt
    Ich horte eynen wonnen werden stryt
    Von priestern und von frauwen

5   Das wip das sprach in wirdekeit
    Er ist über dir der uns hat bereit

---

1) Anger, Wiese, Feld.

Frankf. Archiv III. Th.   P

226

Das ziehe ich an die hoeste meit
Got wolde ir wirde schauwen

Ich bin ein ursprung des kuschlichen glauben
10 Du hast din wirde von mir gar
Die swebet hoch als der adelar
By gode über der engel schar
Der wil ich dich berauben.

II   Der priester sprach das mag nit sin
Min wirde swebet über der wirde din
Rech als der claren sonnen schin
Swebet ob dem liechten morgen

5 Ich gebe die tauffe ich gebe die ee
Da von so han ich wirde mee
Ich bringe die sele usz iamers wee
Ich musz die werlt besorgen

Der hoeste got der gibt sich in myn hende
10 Der sich an dem krutze hat genygen
Den sehe ich lebendig vor mir ligen
Wie möcht ein wyp mir angesiegen
Sust stet ir wirde ellende.

III   Die frauwe sprach zu dieser stunt
Du nymmest das brot da got in kömpt
Wyplich wirde in hertzen grunt
Drug fleisch und blut die beide

5 Sie trug got geist und menschen zart
Geplantzet in irs hertzen gart
Des nye kein priester wirdig wart
Wip trug die augen weide

227

    Menschliche [2]) rurt die maget got sunder smertzen
10 Sie hat geteilt die gotheit eben
    In dry personen ane wieder streben
    Davon wirt dir din wirde gegeben
    Usz wibes [3]) brest von hertzen

IV   Der priester sprach gar sunder not
    Ich teyl zu try das hymmelbrot
    Das got sinen liebsten iüngern bot
    Da er sich wolde scheiden.

5 Ich bin ein schenke des wassers zart
    Das an dem crutze erworben wart
    Mit iamer und mit slegen hart
    Der tranck der halff uns beiden

    O wip du macht myner wirdikeit nit gelichen
10 Min spise durch alle hymmel gat
    Der mich und dich gebildet hat
    Der selbe in mynen henden stat
    Schon kan er zu mir slichen

V   Das wip das sprach sage an zu frommen
    Von wem ist dir din lip genommen
    Er sprach von wiben bin ich kommen
    Das bewer ich mit den wisen

5 Trotz das kein spise gesprochen sy
    Wiplich frucht die sy daby
    Ich trage über uch die hoeste [4]) kry
    In gottes paradise

2) ruren, bewegen.
3) brest, Mangel, Gebrechen.
4) kry, die Losung, das Feldgeschrey, (Parole.)

228

O Suchensynne den krieg solt du verrichten
10 E hymmel und erde ye wart getichte
Wip was by gotte mit angesichte
Und ob unsz pristerschafft verrichte
Ewigen fluch zu nichte

XIV.

Eyn suberlich fyn lietliu.

I   Schauwet an die wonnecliche sat
Wie schöne die got gebildet hat
Usz der nature kammer gat
Frücht und alle creature.

5   Zwar die nature hat die gewalt
Das sie brenget die blumen mannigfalt
Was ee zu trüren was gestalt
Dem gibt sie freude zu stüre

Schauwet an die baume wie schone die sint gezieret
10   O kan mich nyman gewisen dar
Do ich des melers werde gewar
Des pinsel lieplich wol gevar ¹)
Berg und dal florieret

II   Da sprach der fin geselle myn
Ane got kein meler mag gesin
Der alle Ding durchluchtet fin
Habe so zärtlichen gebildet

---

1) gevar, gefärbet, gebildet.

5   Zu gode gelich ich reyne wip
In der sich bildet menschen lip
Sie wirkent frucht durch leyt verdrip
Die nyemant in vergildet.

Ein maler malet ein bilde das kan nite kosen
10 So malet ein wyp lieplich zart
Frucht in irs herzen gart
Die vor wandel ist bewart
Ich dancke der eren rosen.

III   An fuige ich lob der wirdekeit
Du hochgegürtes eren cleit
Das got selber wart angeleit
In der wolde er sich nuwen.

5   Man findet leider frauwen und man
Der got nicht recht erkennen kan
Ir iuden da gedenket an
Laszt uch den zwifel ruwen.

Uwer schrifft saget sie habe den meler funden
10 Der uch vor lange hat geseit
Min farbe wirt lieplich usz geleit
Wan uwer gewalt grosz und breit
Ist swamlich gar verschwunden.

IV   Ir iuden mercket ane argen wan
Wie fraget Moyses ane abelan
Was uch got zu liebe habe getan
In allen guten Dingen.

230

5 Wer half uch dicke usz groszer not
Wer spisete uch mit dem hymmel brot
Wer was der der uch verbot
Das uch mochte schaden bringen

Das was got selber an dem hastu gebrochen
10 Und an dem rechten herren din
Das lebest du noch hute in iamers pin
Und must auch gotes gefangen sin
Das wart dir ee versprochen.

V Der iuden tempel der was grosz
E Crist sinen tempel uffslosz
Do war der din an freuden blosz
Er steht noch hute ellende.

5 Mercke iudischeit was ich dir sage
Du gelaubest das got alle ding vermage
Und glaubest des nit das bringet dir clage
Das ein edel iungfrauwe behende

Wart gotes mutter und sin melerynne
10 Sie hat den tempel schone bereit
Da von ir David hat geseit
O Suchensynne die wirdekeit
Saget und die ware mynne.

XV.

Eyn suberlich lythlin. Suchensynne.

I Die schrifft die saget sie habe erkorn
Die selen die sin ewiclich verlorn

231

We yme das er ye wart geborn
Der ir sal eyne werden

5 Sie spricht es sy grosze missetad
Der umb gute fruwe und spat
Den rechten herren sin verrad
Der ist verflucht hie uff der erden

Und der sin betgenoszen ermort ane schult
10 Und wer ym selber tut den tot
Der wirt vor gode dort schamerod
Die ¹) suche ²) verluset sine hulde

II Mercke selig wip ane argen wan
Die dry hat din lip getan
Als balde du wirdest dyner eren an
Das saltu mir glauben

5 Als bald ein wip verluset irer eren hort
Die hat iren bygenoszen ie ermort
In freuden sicher hie und dort
Sie tut sin ere berauben.

Als bald ein wip verluset yr wiplich ere
10 Kein truwe sie me gewinnen kan
Sie ³) acht yren manne des lebens an
Des hat sie gewonnen einen argen wan
Das sie yne verred so sere

III Als bald ein wip gebricht gottes gebot
Die gibt sich selber in den tot

1) suche, Seuche, Krankheit, Gebrechen
2) verlusen, verlieren, verscherzen
3) des lebens anachten, nach dem Leben stellen.

252

Und wirt yr sele dort schammerod
Und musz ewige freude vermyden

5 Ach wip wie wirstu so gar unwert
Got und die werlt din lützel 4) gert
Und leszestu der schanden swert
Durch liebe din hertze versnyden

Du wirdest ein hinderworff reyner frauwenzucht
10 Als balde din ere wirt zutrant
Din name zu widdewe wirt genant
Din kind zu weisen werden erkant
Zu elende werden dyne frucht

IV Mich wundert wan ich vor uch stan
Und hat uwer keyne die sache getan
Wie mag sie in freuden han
Sie musz ir doch gedencken.

5 Zwar din gesanck der meynet mich
Wip wiltu recht bedencken dich
Durch falsche liebe din truwe nit brich
So kan dich nyemant krencken

Zwar Suchensynne swert einen eyt
10 Got und der reynen iungfrauwen
Und sollt ich leben dusent iare
So gediecht ich nummer mere
Als herte als ich han getan
Den wiben an ir ere
15 Aber doch so git ein solich gedicht
Eyme biederben wibe lere
O reyne frucht lasz dich in eren schauwen.

---

4) lutzel, wenig

XVI.
Eyn suberlich lytlin.

I Ich ging durch lust in eynen walt
Ich fant eynen hirsz gar wol gestalt
Der stunt uber eynem bornen kalt
Und freuwete sich in hertzen

5 Ich wene kein ieger leben mag
Der mir mynen stoltzen lib eriag
Vier füsze bringen mich von clage
Nyemant mir bringet smertzen

Da hetzete der ieger mit sinen edelen hunden.
10 Do name der hirtze der hunde war
Er reckete durch lust sin oren dar
Da sleich der ieger heymlichen dar
Und schosz den hirsz zu stunden

II Der hirsz gedacht ane argen wan
Des ich mich lange getrostet han
Dar umb musz ich myn leben lan
Sust mocht ich lenger alden

5 Dem hirsz glichet ein iunges wip
Die spricht sie trage eynen steden lip
Er lebet nit der myn ere vertrip
Ich wil myn truwe behalten

10 Es wenet manig wip sie trage eyn stedes gemüte
Sie spricht lasz rumen diesen man
Lasz horen was er rumes kan

234

Es stet ir werlich übel an
Sie krencket wibes gute

III   O wip lasz din oren rumen sin
Gedencke bringent dir iamers pin
Man findet licht ein wörtelin
Das din ere tut krenken

5   Die rede erhorte ein wibes clage
Die gern oren rumens heymlich plage
Sie sprach 'din gediechte verbieden mag
Wirtschafft und alle gute gedencke

Sal nit eyn wip mit gesten heymlich kosen
10   Do sprach ich frauwe wes get dich not
Min gediecht dir kein freude nye verbot
Wirdestu aber doch mit schanden rot
Dich fluhet der eren rosen

IV   Ir bidderbe wip mercket was ich meyne
Gedencket an stahel und an steyne
Man cloppet als lange lieplich und reyne
Bisz sich eyne flamme entzündet

5   Man wirbet als lange durch lieb durch leyt
Bisz man die ere din verieit
Ich han dirs vil und dicke geseit
Hüt dich vor heubtsunden

Wie dich der ieger durch die strüche felle
10   Der ieger das ist arger list
Der dich schuszet durch diner eren brüst
Oren rumen das ist nit umb süst
Davon saltu lauffen snelle

V   Ob nu ererümen mit eren wer
Zuschen zweyen ane alles gevere
So mercket ein fremder dieser mere
Und dut yme falsche gedencken

5   Wie wol das wip ir oren kan
Gerecken dar eyme frömden man
Fluhe sie dann in zyt von dann
So mocht ez nyemand krencken

    O Suchensynne gib frauwen rechte lere
10 Wiltu huszere mit eren han
So saltu semlich orerumen lan
So wirt dir gentzlich undertan
Gottes hulde und din husz ere.

XVII.

Eyn ander suberlich lytlin.

I   In eyme morgen das geschach
Das ich die sonne uffbrechen sach
Das hertz zu dem gemüte sprach
Var usz durch abentüre

5   In mynem fryen muth ich quam
Durch eynen walt durch eynen [1]) tham
Frölich fand ich den anger stam
Schone mit des meyen stüre [2])

---

1) Tham, Damm.
2) Stüre, Hülfe, Stütze.

236

Manig edel blume swang sich gegen die sonnen
10 Sin obdach was ein grünes grasz
Dar under ein reyne iungfrauwe sasz
Über eyme külen bornen

II   Die iungfrauwe fragete mich da zu hant
Sage mir an wie bistu genant
Suchensynne bin ich bekant
Zu lobe den reynen wiben

5   Die iungfrauwe sprach ane argen wan
Min hertz dir gar wenig gudes gan
Ach Got was haben wir dir zu leyde getan
Das du uns wilt verdriben

Du lobest die frauwen vor allen iungfrauwen bilde
10 Da von so trüret das leben myn
Und weisz doch wol das hertze din
Das nit beszers mag gesin
Wann reyner iungfrauen bilde

III   Ich sprach iungfrauwe ane argen wan
Das sollent ir von dem hertzen lan
Die wile ich das leben han
So will ich von uch singen

5   Eyn reyne iungfrauwe die sich vor falsch behut
Gelich ich der werden rosen blut
Die gein der sonnen ufftringen dut
Got lasz uns wol gelingen

Gar unbeflecket ir kele ir mund und ir brüste
10 Ir reiner lip ist wol bewart

Recht als ein edele rose zart
Die sich zeiget nach lieber art
Der werlt zu eyme geluste

Ich sprach iungfrauwe durch leit vertriep
Sal ich nicht loben ein reynes wip
Die mit züchten zieret iren lip
Des sollent ir mich bewisen

Die iungfrauwe sprach off mynen eyt

> (Hier hat der Schreiber die ferneren Verse vermuth-
> lich aus Nachläfsigkeit ausgelassen mit der fol-
> genden Zeile dieses Blattes fängt das nächstfol-
> gende Lied an).

XVIII.

Eyn ander suberlich hoffelich lytlin von frauwen.

I Almechtiger zarter suszer got
Kunde ich behalten din gebot
Das ich der werlde icht würde zu spot
Vor uszerwelten frauwen

5 So wil ich singen ane nyt
Was lobes an reynen wiben lyt
Er ist selig wem got eyne gyt
Und mag wol fro bliben

In eren borg sal man die zarten setzen
10 Sint alle freude von wiben kummet

238

Das duret maniches hertzen grunt
Ir zarter suszer zucker munt
Kan hertzeleit ergetzen.

II   Wüste eyn wip ir wirdekeit eben
Als ir got selber hat gegeben
Sie bewarte basz ir wiplich leben
Und möchte wol sünde vermiden

5   Zucht ere und stedekeit
Wo die dru eyn iungfrauwe treit
Syt sicher das der orden wirt gecleit
Frolich wirt ir zu teyle

Eren wat sal man der zarten snyden
10   Ach wie wol eyme wibe anstat
Zucht warheit und reyne tat
Wo die dru ein frauwe hat
Die mag wol sunde vermyden

III   Freuwe dich wip din name ist [1]) breit
Wo du hast an der eren cleit
Lob und ere wyrt dir geseit
Als der wol riechenden rosen

5   Eyns reynen wibes angesiecht
Ir zucht ir ere dar zu gericht
Die dru got selber hat geticht
In menschlichem kosen

Sich freuwet got in allen sinen [2]) kören
10   Wann er ir lob höret singen eben

---

1) breit, grofs, ausgezeichnet.
2) Köre, Ausspruch, Entscheidung, Bestimmung.

Wer frauwen eret dem wil got geben
Nach dieser freude das ewige leben
Wyp das lob saltu gerne hören

IV Er enwart nye eyn seliger man
Der reynen wiben nit gutes gan
Was haben sie yme zu leide getan
Das er ir ere tut krencken

5 Sie zieret keyser konige zart
Wip zieret hoher fürsten art
Wip viol rosen liechter gart
Der freuden vil mag schencken

Wip paradisz und lieplich augenweide
10 Suchensynne nu lasz nit abe
Lobe reyne wip bisz in din grabe
Wol yme der ir eyne zu liebe habe
Der lasz yme truren leyden

XIX.

Eyn ander suberlich lytlin.

I Mich bad ein drut reyne selig wip
Sie sprach nun lere mynen iungen lip
Das er schande von eren trib
Und hoher eren walde ¹)

5 Ich sprach reynes wip wiltu volgen mir
Funf rede wil ich geben dir

---

¹) walten, regieren, leiton, ausüben.

240

Sie sprach dar nach stet myn gir
Das ich in eren alde

    Zum ersten male verbietten ich dinen füszen
10 Das sie dich da hin icht tragen
    Da du von mynnen horest sagen
    Damitde wirt din ere erslagen
    Hüt dich vor falschem grüszen

II   Zum andern male ane argen pin
    Verbiete ich den edeln henden din
    Das sie kein gelübde nit nemen yn
    Von falscher mynne gelüst

5 Zum drittenmale dun ich dir kunt
    Verbut dyme edeln suszen munt
    Das er icht rede usz hertzen grunt
    Das frauwen krencke yren gelüst

    Zum vierden male verbiete ich dinen augen
10 Das sie nummer blicken dar
    Da man werde sünde und schande gewar
    So dienet dir sere der engel schar
    Des saltu mir gelauben

III   Zum fünfften male mercke was ich spür
    Beslusz din oren mit steter dür
    Und lasz die falschen cleffer vör
    Die felschlich um dich werben

5 Ob um dich wirbet ein falscher man
    So tu 2) sam du es nit hörest an

---

2) Sam, eben als wenn

S.

So git dir got den hösten lon
Den niemant kan vertriben

O Suchensynne rat frauwen ye das beste
10 Reynes wip wiltu halten gots gebot
So liebe dich dyme manne und got
Und tribe usz nyemand dinen spot
Und halt din hertze in eren feste

XX.
Eyn ander lytlin von eynem Fischer.

I   Ich ging durch lust als mancher tut
     In des richen meyen bluet
     Ich fand eynen fischer der da wuet [1]
     In wilden wages flut

5   Ich sprach fischer sage mir eben
     Wie hat dir got dyne spise gegeben
     Er sprach die wile ich han das leben
     Got git mir fischen wohlgemute

     Ich wirff myn ruse [2] uff wan uff liebes gelinge
10   Eyn iglicher fischer fischet nach wan
     Zwar esz musz an glücke stan
     Jedoch wil ich nit abelan
     Ich wil nach freuden ringen

1) wuet, wadete.
2) ruse, Reuse, Fischkorb.

Franff. Archiv III. Th.

242

II Mercke wie der fische nature hat
Das er die waren flüsze lat
Und gern in die rusen gat
Des musz er iamer liden

5 Er siecht vor yme das löchelin
Da er hat gern geswomen yn
Herwieder das mag nit sin
Des musz er freude vermyden

Nu rat an wem ich den fischer glich
10 Der fischer ist eyn listig man
Der umb ein wip wol werben kan
Und gelinget yme wol daran
So kan er naher slichen

III Der wag ist wyp dins hertzen grund
So ist die ruse din wort und auch din munt
Beheldestu die in kurtzer stund
So bistu frauwe din eygen

5 Kommestu aber in sins hertzen chrin ³)
So bistu sin und nummer din
Wip uszerwelte keyserin
Lasz dich nyemant feigen ⁴)

Was sal eyn wip die nit mag eren behalden
10 Du habe den lieb ich raden dir eben
Der dir mit eren sy gegeben
Wiltu nach fremdem willen leben
Du wirdest mit schanden alden

---

3) schrin, Schranck
4) vaigen, feigen, tödten, zerstören

IV Mich bad eyn wip mit worten sere
  Sie sprach durch aller frauwen ere
  Gib mir rat und din getruwe lere
  Wie ich werde falschheit ynnen

5 Ich sprach mercke wie ein Burger tut
  Kaufft er ein husz umb eygen gut
  Er leszet keyn gemach er schauwe sin hut ⁶)
  Ob er icht möge verbrennen

  Also durch schauwe eynen man
10 Bestelle als du yne wollest gewern
  Wil er dan falscher liebe begern
  So lasz dich wip ein bessers leren
  So vehestu schelke als vogel an der ruten

V Esz ist ein sprechewort manche zyt
  Wer alle sin habe den fremden gyt
  Die frunde yme tragen groszen nyt
  Mercke edele creature

5 Ergibbestu dich vor myttemtage
  Nu mercke eyn fremder was ich dir sage
  Nach myttemtage bringet es dir clage
  Dar umb gib dich nyemant zu stüre

  Ich rat dyr liep als ein vatter lieben kinden
10 Heldestu djn ere so bistu wert
  Behüt dich vor der schanden swert
  Das hat dich Suchensynne gelert
  Lasz dich in eren finden.

---

6) hut, Besichtigung, Vorsicht

244

XXI.

Eyn ander suberlich lytlin.

I   Mut geberen dem hertzen myn
    Und fruchtig [1]) bernendes [2]) meyen schin
    Du uszerwelte keyszerin
    Min hertz hat sich geneiget

5   In dyne gewalt gar manigvalt
    Es wart nye wip so wol gestalt
    Der ich mich in ir gewalt
    So vestiglichen han geeyget [3])

    Sage an hertz möcht dir icht liebers werden
10   Durch lieb durch lust durch leyt vertrip
    Was das reyne drut selig wip
    Neyn sprach myn hertze ir zarter lip
    Der liebet mir uff erden

II   Es tu mir wol es tu mir we
    So gewinne ich liebers nummer mee
    O fruchtig viol und clee
    Irfreuwe mir myn gemüte

5   Ich han lange gebeitet [4]) bisz off eyn stunde
    Bysz mir got selber hat beschert
    Das mich vor [5]) ungemut ernert

---

1) fruchtig, fruchtbar.
2) bornend, bernend, brennend.
3) eigenen, übergeben, widmen.
4) beiten, erwarten.
5) ungemute, Widerwärtigkeit, Unglück.

245

Und mich usz senden [6]) sorgen wert
Und trost usz hertzen grunde

III Ich han gebeitet maniche stunde
Vil fromder straszen sin mir kunt
S u c h e ist geheiszen myn hunt
Der lange hat gesuchet

5 Wie vil er straszen hat usz geriecht
Noch kunde er finden liebers nicht
Dan wip din zartes angesicht
Des stet myn hertze geruchet [7])

Din wiplich güde kan mir freuden bringen
10 Du salt herwieder wiszen lan
Ob du mich wollest in hertzen han
Ich bin dir gentzlich undertan
Got lasz uns wol gelingen

XXII.

Ein ander suberlich lytlin.

I Ich lag eyns tags nachtes in eyme gedanck
Die nachte ducht mich gar zu lanck
Min hertze in hoen freuden sangk
Ein lob von reynen wiben

5 Ich sprach got gebe dir guten tag
Wip du vil erenricher hag [1])
Dyne güde nyemant ergründen mag
Du kanst leit vertriben

6) sende, traurich, betrübt.
7) geruchen, geruhen; wollen, wünschen.
1) hag, Hecke, Umzäunung.

246

    O herre gib uns den liechten tag zu sture
10 Das wir mit freuden sehen an
    Die reyne wibe gar wol getan
    Irfreuwe dich wol gemuter man
13 Der edeln creature

II   Als balde die nacht ein ende hat
    Und das der liechte tag uff gat
    Schöne mit der sonnen ane missetat
    Des freuwet sich myn gemüte

5 Das ich in freuden werde bewart
    Sich an den eren richen hag
20 Dar ynne maniche rose edel zart
    Stet in ricklicher [2]) blüte

    O herre myn nu bisz ein hüter solicher rosen
10 Die da heiszent reyne wip
    Das icht betrübt werde ir lip
    Almechtiger got yn leit verdrip
    Die früntlich mit yn kosen

III   Drut selig wip trage stetickeit
    Und halt din truwe in eren cleit
    Wer dir aber icht anders seyt
    Der meynet dich nit mit trüwen

5 Drut selig wip was wiltu mere
    Wann du heldest din wiplich ere
    Volge got und dines mannes lere
    Das wirt dich dort nit ruwen

---

2) Ricklich, reichlich

Ist frauwe din lob in eren hie erstorben
10 So ferestu dort in freuden gar
Got nymmet dich in der engel schar
Suchensynne nu nym ir war
Die ere hie habent erworben

XXIII.

Eyn ander suberlich lytlin von frauwen.

I Mich wundert das eyn selig man
Mag ummer leyt in hertzen han
Wan in ein wyp tut sehen an
Fry vor mysseteden

5 Des tages mag yme kein leit gescheen
Wann yne an ein zertlich wip tut sehen
Lachen durch ir augen brehen [1]
Mit gantzen truwen stete

Wyp hoester hort [2] uber alle creature
10 Wip mannes trost vor ungemach
Wip aller selden oberdach
Got selber mit syme munde sprach
Wip edele frucht gehüre [3]

II Got selber sprach wer frauwen eret
Der wirt alles des gewert
Des sele und lip uff erden gert
Da von so lob ich frauwen

---

1) brehen, glänzen.
2) hort, Schutz.
3) gehüre, zahm, mild, lieblich, angenehm, schön.

62

248

5   Wip sint 4) dyne tugende sint so grosz
So halt dyne truwe in eren schosz
Got selber dich zu liebe erkosz
Da er dyne tugent wolde schauwen

    Wip hoeste sonne und liechter morgensterne
10 Der durchluchtet das hertze myn
Wip aller selden eyn edeler schrin
Wip hochgeborne keyserin
Du clare liechte lucerne

XXIV.

Eyn ander suberlich lytlin.

I   Laup und grasz und alle stern
Merfische griesz 1) kan nit begern
Alles das da lebet kan nit vol eren
Was tugend lyt an wiben

5   Wie möchte dann myn eyniger mund
Durchgründen wip dyns lobes grunt
Doch tun ich dir mynen willen kunt
Dyne güte will ich gote schriben

    Auch sal kein man an reynen wipen nit sünden 2)
10 Suchensynne lob frauwen reyne
Aber doch ist yne din lob zu cleyne
Wip du edeler karfunckelsteine
Der mannes hertze kan enzünden.

---

4) sint, sintemal, wenn denn also.
1) Griefs, Sand
2) sünden, sündigen

XXV.

Eyn suberlich lytlin von grasen gan.

Den meye den wil grasen gan
Mit eyme hübschen döchterlin
Das ist so fin
Das es git mut
5   Uber mut
Davon so liebet sie mir stediglich
Wolde sie mich zum gesellen han
Die allerliebste greserynne
Mochte das gesin
10 Das neme ich wyt
Vor alles gut
Sie ist gut
Sie ist klug, sie ist wol getan
Sie ist aller werlt eyn drösterynne
15 Sie swendet ¹) pin
Sie ist werlich die iz alles dut
An güde fint man yren glichen nit

XXVI.

Eyn suberlich lytlin von der ern.

Der meye ist mir engangen hüre ²)
In die erne stet das hertze myn
Zu dir myn zartes freuwelin
Verlangen zwinget sicher mich

---

1) swenden, vermindern, schwinden machen.
2) huire, heuer, in diesem Jahr.

64

250

5   Durch alle din güte gib mir zu stüre
Mit steter freude eyn krentzelin
Eyn blumelin bla in liebstem schin
Du hast mich
Mit frauwe fenus füre entzünt
10 Das ich musz sin
Mit gantzen truwen din
Wiltu so bin ich freuden rich

XXVII.

Eyn suberlich lytlin.

Min hertze das lidet grosze pin
Durch dich du aller liebstes myn
Keyn zweifel saltu an mir han
Wann ich bin gentzlich eygen din
5   Das sal und mag nit anders sin
Hette ich nu aller wünsche gewalt
So küre ich nyeman mee wann dich
Des saltu mich genieszen lan.

XXVIII.

Eyn suberlich lytlin.

Von freuden sere myn hertze erschricket
Wann ich ansehe din lieblich bilde
Myn uszerweltes freuwelin zart
An dich gedencken mich erquicket
5   Und machet allen unmut wilde [1)]

1) wild, fremd, unbekannt

Min lip synne mut hant sich geschicket
Gein dir zu sin mit truwen milde
Wann wir uff erden nye liebers wart

XXIX.

Eyn suberlich lietlin.

La farn durch alle din wiplich ere
Ob ich dich ye ertzörnet habe
Myn hertze vergiszet din numer mere
Die trüwe die spricht mir nyemant abe
5 Du bist myn glücke du bist myn heil
Durch dich so ist myn hertze geil
Wann mir din gnade der gude gan
Min uszerwelter liebster hort
Nu kan ich weder wise noch wort
10 Von groszer liebe die ich zu dir han
Sie lebet uff erden nit so gut
Die dich usz mynem hertzen dringet
Ich wil dir sin mit stede behut
Ich weisz das iz mir freude bringet
15 Und wil auch alles trüren lan
Behalt mich liep so ist itz eyn süne [1]
Da von mir nyemand glichen kan
Ich wil dich leren eynen funt [2]
Darum saltu mir getruwe sin
20 Nach zorn viel groszer liebe kommet
Des freuwet sich das hertze myn

---

[1] süne, Vertrag, Uebereinkunft
[2] fund, Erfindung, Kunstgriff, Kunst

252

Ich wil dir dyenen mit stedickeit
Wirt dir untruwe von mir geseit
Das lasz dir nit zu hertzen gan

XXX.
Eyn suberlich lytlin.

I   Mir liebet so sere din wiplich bilde
Das ich keyn rüwe nit mag gehan
Wie wol mir ist din güde so wilde
Doch mag ich nit abegelan
5   Uff gnade ich ummer warten wil
Myn uszerweltes freuden spil
Zu dir stet alles myns hertzen gir
Und findest auch steden dinst an mir
Nu und zu allen zyten
10 Ich ger ¹) nit mee versuch du mich
Bin ich danne anders danne glich
So du nit mee des ich dich bidde
Findestu an mir keyn falschen sydte
So macht du mich wol myden

II   Das dir von untrüwen ist gescheen
Des lasz mich nit engelten
Ich wil dir aller trüwen iehen ²)
Und untrüwe helffen schelden
5   Verbint zu mir din stedickeit
Isz sal dir nummer werden leyt
Das hertze myn ist eygen din
Und sal auch bliben ummer ane abesin

---

1) geren, begehren.
2) iehen, bekräftigen, zusichern.

III Sal dich myn trost nit myden
Ich han dich liep in rechter zucht
Dar zu in rechten eren
Alle myn synne hant zu dir flucht
Du macht mich wol erneren
5 Wiltu also so bin ich fro
Und lebe alletzyt in freuden ho
Lasz mich versteen wie mirs solle geen
Wann ich mich werlich gar versene [3]
Solde ich ez lenger liden

XXXI.
Eyn ander lytlin.

Sal ich in mude also verderben
So gar one alle freude leben
Jungfrauwe das tut uwer grosz ungnade
Ich byns beraubet der freuden myn [1]
5 Des enhan ich selber nit getan
Du dust als mir din gnade nit engau [1]
Darumb musz ich din ellender sin
Ach zarte iungfrauwe versuch mich basz
Versuch mich sanffte versuch mich herte
10 Versuch gantz gar alles myn geferte [2]
An truwen ich dich nummer gelan
Ich han mich gentzlich din erwegen [3]
Damydde habe sante Johannes segen [4]
Ich wolte das ich dich nye hette erkant

3) versene, Sehnsucht, Leiden.
1) engehen, bekennen, zugestehen.
2) geferte, Gewonheit, Lebensweise.
3) erwaegen, versuchen, einen Versuch wagen.
4) S. Johanns Segen, oder S. Johannstrunck, am Tage Johannes des
Täufers hergebracht — im allgemeinen jedes Zutrinken.

254

XXXII.
Eyn ander lyetlin.

Min aller liebstes freuwelin zart
Nit bisz mir hart
Umb das ich selten sehen dich
Doch wisze das ich sicherlich
5 Vergeszen din zu keyner stunt
Din wiplich güde ist wandels [1]) an
Da von ich han
Freuden vil im hertzen myn
Wan ich gedencke das ich bin din
10 Kein ander mag geschaden dir
Des glaube du mir
Wann sich din liebe beslossen hat
In myme hertzen früwe und spat
Bist du vor aller werlt wyt

XXXIII.
Eyn ander lytlin.

Syt mir der meye beraubet hat
Zweyer die ich han lange tzyt
In dem hertzen myn geplantzet
Die waren bla und rot gezieret
5 In frauwe eren cron
Unverdient mir das zugat wolhin
Das sal ich faren lan
Anders ich müste drürig sia

---

1) wandel, Veränderung.

XXXIV.

Eyn suberlich lytlin.

Din güte hat betwungen mich
Das ich nit kan vergeszen din
Davon so han ich guten mut
Mit gantzen trüwen stediglich
5 Wont b dir das hertze myn
Alletzyt fro und freudenrich
Wil ich durch dinen willen sin
Trüren bringet nyemand gut

> NB. Am Schluß dieses Blattes, das mit No. XXV.
> bezeichnet iſt, ſteht Eyn suberlich lytlin, das auf
> dem nächſten Blatte folgen ſollte, es fehlen aber die
> Blätter bis No. XXXIIII. Auf dem Anfang dieſes
> Blattes ſteht der Schluß eines Liedes, wie folgt:

» Gar verleyt so ich dich meyn
Du habst alleyn
Gewalt gelück und all myn zuversiecht
Wann ich dirs gan und anders keyner. «

XXXV.

Eyn suberlich lytlin von dem meyen.

I Min hertz freuwet sich gein dieszem meyen
Der bringt uns blümlin mancherleihen
Rot wysz swartz und bla
Sol ich myn bulen nit sehen, so musz ich werden gra

256

II   Der blümelin der het ich mir eins uszerwelt
Zu dem het sich myn hertz stetticlichen gesellt
Ich gedacht in mynem mut
Ich hoff es sy vor nesselkrut behut

III   Das nesselkrut das wil ich umbgraben
Verbrend es mir es bringt mir groszen schaden
Es verbrent mirs also sere
Kein semlichs [1]) blümlin gewind ich nummer mere

IV   Myn blümlin wil ich umb muren und nmb graben
Dar umb so musz sich mancher ritter traben
Er sprenget mir sunst dar by
Ich hoff es sy fur aller welte fry

V   Wolt ir wiszen was mir das liebste sy
Der blawe farw der won ich gerne by
Blau betütet stet
Ein küler wint hat mir den weg verwet

VI   Das rote blümlin das brynnet in der lieb
Kein soliches blümlin gewan ich werlich nye
Da ichs zum ersten fand
Do ich mich dienst gein der liebsten underwand

VII   Das wysz blümlin das wartet uff gnad
Wolt got wer ich by der allerliebsten da
Kein wechsel wölt ich nit triben
Ich wolt by mynem wyszen blümlin bliben

VIII   Das swartz blümlin das bringet mir die klag
Wann ich der allerliebsten nit enhab

---

1) semlich, ähnlich.

Und

257

Und ich mich von ir scheid
So trüret myn hertz und fürt grosz heymlich leit

IX Got behüt mir myn blümlin für diszem falschen wind
    Wann ich es such und ich es wieder find
    Wo ichs gelan han
    Blib stet ich blib dir undertan

X   Viel gutter iar und ein gut selige nacht
    Wünsch ich der liebsten die mir das blümlin gab
    Für freuden macht sie mich alt
    Es ist ein hübsches freuwelin das hat myns libs gewalt

XXXVI.

Eyn suberlich grusz.

Got grüsz dich liebes lieb on leid
Die wil mich grosz lieb zu dir dreyt
Das got nit wil
Das ich by dir won söl
5 So het mir got wol getan
Das er mich solicher groszer lieb hett erlan

XXXVII.

Eyn ander suberlich grusz.

Ich send dir liebes lieb einen grusz
Uff einer nachtigallen fusz
Uff iglichem claen
Ein gulden pfaen

Franff. Archiv III. Th,   R

258

5 Als manich gut iar gee dich an
Als ein geleytterter wagen
Gefülter rosen mag getragen
Yglichs blat in nün gespalten
Got müsz dins iungen libes walten.

XXXVIII.

Eyn suberlich lytlin von dienstmeyden.

Ich will aber singen
Von huszdiernen weidelich etc.

XXXIX.

Eyn hübsch lytlin von huszknechten.

I Wol uff wir wollen slaffen gan
Huszknecht nun entzünd ein liecht
Wann esz ist an der zyt
Das wir nit verkaffen [1])
5 Der lest der sy verhyt [2])
Das leihen münch und pfaffen
Den buern zun wybern staffen [3])
Sich hub ein groszer stryt

II Schenckt in laszt unsz drincken
Das wir uns nit scheiden

---

1) verkaffen, vergaffen
2) verhyt, geschändet, verdorben
3) stapffen, gehen, treten

259

Von dieszem külen win

Und lempt er unsz die schenkel

5 So musz er doch herin

Herr Kopff ⁴) nu lat uch wincken

Ob wir zu betten hincken

Das ist ein geringe pin

III Dragt den fursten ⁵) lyse

Das ir yn nit fellent

Uff gottes erterich

Sin lob ich ummer pryse

5 Er macht uns freuden rich

Das einer den ander wise

Wir schlifen uff dem yse

Ir gent gar unglich

IV Drett wir zu der dürre ⁶)

Das wir doch nit wenken

Mit ungelichem stat ⁷)

Was gilt des düsz ⁸) ein hürne

5 Herr wirt ir haltens mit

Ir solt dar umb nit zürnen

Ob wir unsz bekürnen

Nach bollemschem siett

V Schlaffen wollen wir waltzen

Herr wirt nu fragt das diernelin

Ob unsz gebettet sy

---

4) Kopff, Becher
5) der furste, der erste, der vorzüglichste, beste
6) dürre, kühn, getrost
7) stat, Stand
8) Dusz, die Dunckelheit

R 2

260

Das krut hat sie unsz versaltzen
5 Dar zu ein gutten bry
Was sol wir dar umb kaltzen [9]
Er was gar ungeschmaltzen
Der schaden der warent dry

XL.
Eyn Spruch.

I Wol uff ir gesellen in die tabern
»Aurea luce rutilat«
Ach lieben gesellen ich drunck so gern
»Sicut cervus desiderat«

II Ich weisz kein bessern uff myn won
»A solis ortu cardine«
Uns ist ein fol fasz uffgeton
»Jam lucis ortu sydere«

III Ach wirt langet uns des brotes ein krost
»Exaudi preces supplicum«
Wir lyden siecher groszen dorst
»Agnoscat omne seculum«

IV Ach wirt nu bring uns her den win
»Te deprecamur supplices«
So wollen wir singen und frölich sin
»Christe qui lux es et dies«

---

9) kallen, schreien

261

V   Da warff eyner die krusen ²) wieder die want
       » Procul recedant sompnia «
       Der dich ye gemacht der wert geschant
       » In sempiterna secula «

VI   Drunck wir usz der kantten also deten die frommen
       » Impleta nostra sunt viscera «
       So wirt unszer hertz in ungemach komen
       » O quis audivit talia «

VII   Da es abent wart sie worden vol
       » Linguarum loquuntur omnium «
       Die messer worden usz geton
       » Pavent turbe gentilium «

VIII   Dem ein wart ein backenschlack
       Der schrey » veni redemptor gentium «
       Der ander under der banck gelag
       Da was » fletus et stridor dentium «

IX   Den drietten bunden sie wiedder die want
       » Ligatus es ut solveres «
       Gedenck gesell und bezalen zu hant
       » Vel tu cruciaris septies «

X   Ach wirt ich bezalen dich
       » Te lucis ante terminum «
       Ich wil gelt holen sicherlich
       » Non revertar in perpetuum «

XI   Der gesell lieff in die schuer
       » Feno iacere pretulit «

---

1) kruse, Krug.

262

Nacket als er wer ungehuer
»Praesepe non abhorruit«

XII   Da kam der wirt und fand in do
»Ubi iacet in praesepio«
Des wurden die gesellen alle fro
Und sungen »Benedicamus Domino.«

XLI.
Eyn suberlich spruch.

Wer sin gut mit huren verdut etc.

XLII.
Eyn ander spruch.

Lug nit und bisz verswiegen
Was din nit ist das lasz liegen
Wiesz fiel und wennig sage
Antworte nit uff alle frage
5 Borg wennig und gilt ¹) das gar ²)
Gerede nit fiel und halt das war
See an mich ob bösz sy ich
Dar vor wüsz zu huden dich
Halt vergut auch yedermann
10 Du weiszt nit was der ander kan
La rede vör orn gan
Glöcklin geben guten don

---

1) gelten, bezahlen.
2) garș, gauz.

263

Wilt du wiszen wer du syst
So schilt dich mit diner nachber dry
15 Lasz yederman sin der er ist
So saget man dir nit wer du bist
Man spricht und ist auch war
Liebe dring durch alle dör
Liebe haben und selten sehen
20 Das thut we das wil ich ichen
Ist gedencken vor truren gut
So trag ich dieck ein guten mut.

XLIII.

Eyn ander suberlich lytlin von einem kutzlin.

I   Ich armes fogelin kleine
Ein kutzlin ist min nam
Ich wont ich stünd alleine
Gar hoch uff eynem bam
5 So bin ich betrogen fast
Das ich must rumen den ast
Ich sucht den wirt ich fant den gast
Mit sorgen wart ich über last
Ich ylt [1]) mich zu dem wald

II   Min art die sol liegen
Myn leben stet also
Wan ander fogeln fliegen
So werd ich nummer fro

---

1) ylen, eilen.

264

5   Das lieg ich hie verborgen
     Zu spot der fogel geschrey
     Geyn dieszem hellen morgen
     Myn hertz lyt in sorgen
     Ich förcht mych für dem tag

III   Ich förcht des tages glaste ²)
     By der nacht so bin ich fro
     Ich wolt nit das man wüste
     Myn wesen wie oder wo
5   Des bin ich herre geflogen
     Zu dieszem liechten dan ³)
     Dar nach stet hertz mut und synne
     Des baumes han ich kein gewynne
     Ich sorgen mancherlei

IV   Des bin ich herre geflogen
     Zu dieszem liechten dail ⁴)
     Nach lust ist mir gelungen
     Ich fant die nachtigal
5   Sie hielt sich stet by mirre
     Sie gruszt mich tugentlich
     Wie not sie anders dete
     Wan warumb ich sie bete
     Sie macht mich freuden rich

V   Mit laup ist sie bedecket
     Grün ist ir überhanck
     Ir hochgemüd ⁵) mich wecket

---

2) glaste, Glanz.
3) tan, Tanne, auch im allgemeinen, Wald.
4) dail, tael, Kienbaum.
5) Hochgemüte, Freude, Fröhlichkeit.

Sie schafft mir gut gemüt
5 Mir gefiel nie fogel basz
Dan die nachtigal
Sie macht mich aller sorgen lasz
In gantzen drüwen ich ir nie vergasz
Sie schafft mir wünsch gewalt

VI   Ir feder sint gestriechen
Gar mynniclichen schon
Mit farwen uberbliechen
Des hab der meinster lon
5 Der sie wol gezieren konde
Nach lust myns hertzen begir
Selig sy die stunde
Esz get usz yren munde
Gesungen hat sie mir

VII   Ich kützlin bin nit wirdick
Der liebsten frauwen myn
Doch bin ich begerren
Zu dun den willen din
5 Und bin ich nit dem falcken glich
Der hohes fliegen plicht [6])
So bin ich aber gemütes rich
In gantzen trüwen ich nit von dir wich
Myn hertz sol stete sin

XLIV.

Eyn ander suberlich lytlin.

I   Myn hertz hat sich gesellet
Zu einem blumlin fin

---

6) pfligt, pflegt, gewöhnt ist, im Gebrauch hat.

266

Das mir wol gefellet
Durch lieb so lyt ich pin
5 He He warumb solt ich truren
Nu rüret mich der mey
Schlag schlag schlag uff mit Freuden
Myn truren ist entzwey

II   Min hertz hat sich gesellet
Zu einem blümlin rot
Das mir wol gefellet
Durch lieb so lyt ich not
5 He He etc. etc. etc.

III   Myn hertz hat sich gesellet
Zu einem blümlin wisz
Das mir wol gefellet
Ich dienen ym mit flysz
5 He He etc. etc. etc.

IV   Min hertz hat sich gesellet
Zu einem blümlin brün
Das mir wol gefellet
Es ist ein Jungfrauw schön
5 He He etc. etc. etc.

V   Min hertz hat sich gesellet
Zu einem blumlin grün
Das mir wol gefellet
Myn lieb ist zart und schön
5 He He etc. etc. etc.

VI   Min hertz hat sich gesellet
Zu einem blümelin gra

267

Das mir wol gefellet
Myn hertz stet ir nah
5 He He etc. etc. etc.

VII   Myn hertz hat sich gesellet
Zu eynem blümlin gel
Das mir wol gefellet
Ich hoff ich sy gewert
5 He He etc. etc. etc.

XLV.

Eyn ander suberlich lytlin.

I   As ein münchlin ryten
Hie wollen wir iagen usz
By allen mynen zyten
Von herr dielmans wegen
5 Lieber dielmann rück her zu
Henchen hat die narren schu
He He hie wollen wir iagen usz

II   Er kam für eyner frauwen husz
Hie wollen wir iagen usz
Der wirt der was gerietten usz
Von herr dielmans wegen
5 Lieber etc. etc. etc.

III   Die frauw die lanck dem gast ein stul
Hie woln wir iagen usz
Die dochter lanck ein kussen darzu
Von herr dielmans wegen
5 Lieber etc. etc. etc.

268

IV   Die frauw die briet dem gast ein hun
        Hie woln wir iagen usz
        Die dochter lanck ym wyn dar zu
        Von herr dielmans wegen
   5   Lieber etc. etc. etc.

V   Herre was ist das lange
        Hie wolln wir iagen usz
        Das in die aschen hanget
        Von herre dielmans wegen
   5   Lieber etc. etc. etc.

VI   Frauw es ist myn messer
        Hie wollen wir iagen usz
        Der scheiden han ich vergessen
        Von herr dielmans wegen
   5   Lieber etc. etc. etc.

VII   Die frauw die macht dem gast ein bett
        Hie wollen wir iagen usz
        Die dochter leyt sich unter das gedeck
        Von herr dielmans wegen
   5   Lieber etc. etc. etc.

VIII   Da lagen die zwey die lange nacht
        Hie wollen wir iagen usz
        Bisz herin schein der liechte tag
        Von herr dielmans wegen
   5   Lieber etc. etc. etc.

————————

5

XLVI.

Eyn suberlichs lytlin von eynem dinst-
knecht.

I   Sag mir henszlin trut gesell
    Warumb wilt du von dannen
    Und wer es nit ein wonder grosz
    Yn solicher mosz
5 Dyn frauw wurd umb dich zannen ¹)

II   Lieber gesell ich musz dir sagen
    Myn leyt musz ich dir klagen
    Myn frauw hat gedinckt ein ander knecht
    Er ist ir gerecht
5 Sie wil mich nummer haben

III   Liebe frauw besint uch basz
    Lat mich uwer huld erwerben
    Ich wil mich flyschen treschensz basz
    By der nacht
5 Solt ich darumb verderben

IV   Noch han ich mynes lones nit
    Den ir mir hant versprochen
    Smer und schuch
    Und kytteln duch
5 Und kümptz darzu ich las es nit ungerochen

V   Der buwern trülppen der ist fiel
    An dem fiertag under der lynden

---

¹) zannen, heulen, weinen.

270

Juch und iuch ist ir geschrey
Sie sint so geil
5 Sie wollen mich verdringen.

*Hier fehlen zwei Blätter, und auf dem ersten wahr-
scheinlich der Schluß dieses Liedes. Das erste fol-
gende Blatt fängt mit dem Schluß eines Liedes an,
wie folgt:*

Die röszbaum sol man stygen
Die uff der straszen stant
Die iungen meyd sol man prysen
Die uff der gassen gand
5 Die iungen meyt sol man prysen.

XLVII.

Eyn suberlich lytlin von einem bulen.

I   As get ein liechter summer da her
Und ein fiel liechter schin
Ich het mir ein buln erworben
Da schlug als ungelück dar yn

II   Ich het mir ein bulen erworben
Den must ich faren lan
Das schafft ein kleine schulde
Das ich nit pfenning han

III Es machent die falschen zungen
Die sint dar by gewessen
Die schnydent mir dieffe wunden
Der trüw ich wol genesen

271

IV   Sie schnident dieffe wonden
       Yn mynes hertzen grunt
       Die stent noch unverborgen
       Schafft lieb din rotter munt

V   Wo zwey hertzen liebe
       An einen dantze gand
       Die laszen ir eigelin schieszen
       Sie sehent ein ander an

VI   Sie laszent ir eigelin schiessen
       Recht als in nit darumb sy
       Sie gedencken yn yren synnen
       Und leg ich nahe dar by

VII   Jungfrauw ir sint edele
       Ir sint ein weidelich [1]) wyp
       Und das ich uch neme
       Das gut stet ungelich

VIII   Juncker ir sint edele
       Und sint ein weidelich man
       Und nement ir mich gerne
       Kein gut sehent ir nit an

IX   Ich hör es die lüte sagen
       Ir sint ein findelin [2])
       So wil ich ein magt beliben
       Bisz das ich rich bin

X   Da zog er von der hende
       Von gold ein fingerlin [3])

---

1) weidelich, zierlich, schön.
2) findelin, Findelkind.
3) fingerlin, Ring.

272

So se dir schön iungfrauwe
Da by gedenckt du myn

XI

Nu mag ich numme singen
Und mag kein freude han
Ich het mir ein bulen erworben
Den musz ich faren lan

XII

Es sten dry rosen in ienem dail
Die ruffent iungfrauw an
Got gesegen uch schöne iungfrauw
Und nemment kein andern man

XLVIII.

Eyn ander suberlich lytlin.

I

Die hat myn hertz getroffen
Die rein, die wolgemut
Zu ir so wil ich hoffen
Es wird noch alles gut
5 So freuwet mich die reyne
In dem hertze myn
Ich weisz wol wen ich meyne
Ir eygen wil ich sin

II

Wolt sie sich nun bedenken
Die reyn die suberlich

Hier ist das Lied abgebrochen, und das ganze Blatt
unbeschrieben gelassen.

XLIX.

XLIX.

Eyn ander suberlich lytlin.

Ich kam gen zysselmuer uff den plan
Wol under ein grune linden etc.

L.

Eyn suberlich lytlin von eydgenoszen.

I
In dieszem nuwen iare
So endet sich die zyt
Das gut das wert uns ware
Das man uns enbot
5 Des argen werd vergessen
Des sie sich hent vermessen
Die dussen [1]) sind gesessen
Als yn dem lande wyt

II
Das sint die groszen herren
Die ich nit nennen wil
Die die Zürcher leren
Der argen lieste fiel
5 Das sie sich endienen
Zu den herren rennen
Der eitgenoszen numme kennen
Das stat biesz uff ein ziel

III
Ir frommen eitgenosen
Ir fürentz der eren ein fan

---

1) dussen, draufsen

274

    Das menigen verdrossen
    Der uns nit beszers gant
5 Das uwer dinck in eren stat
    Und was durch uwere lande gat
    Das gut friede und geleide hat
    Das mühet manigen man

IV   Der eren thund uch freuwen
    Ir frommen biederben lüt
    Lant uch nit abetreuwen
    Behabentz ²) mit der hut
5 Als uwer fordern hant gethon
    Den halff got by dem rechten stan
    Das unrecht liesz er under gan
    Das merckent ihr frommen lüt

V   Manicher west ytz sinen munt
    Mit der eitgenossen sach
    Er spricht es sy nu hie die stund
    Das sich gemachet hab
5 Das die eitgenoszen
    Legent eynen bloszen
    Der gewalt werd umgestoszen
    Der lang gewert hat

VI   Wer das rett der kan wol liegen
    Er rett esz usz falschem grund
    Sin falscher synn möcht yn wol triegen
    So sich die warheit fund
5 Wann got den gerechten nie geliesz
    Ob er das schiefflin senken liesz

---

2) behaben, erhalten

275

Etwan nach bisz uff den grin [3]
Berürt doch nie den grunt

VII Manicher wil unsz mit treuwen dötten
    Er sietzet in österrich
    Er musz sich neher zu uns löten [4]
    Wil er uns machen licht
5 Wen möchten treuwen die eitgenoszen
    Lant und lüt han umb gestoszen
    Von manchem herren rich

VIII Nu ruwet mich ein arm gemein
    Zu Zürch in der stat
    Das der tumme ratt
    So gar verwiset hat
5 Das sie sint so blinde
    Die alten und die kinde
    Sie buwent uff einen winde
    Der balde verwehet hat

IX Oster heiszet der winde
    Er wehet usz oesterich
    Er wil uns zusammenbinden
    Er dut ym wol glich
5 Ob sich das erhebt das gewilde
    So möcht der wint wol liegen still
    Bisz das der Zürcher wurde fiel
    Das gülte uns alles glich

X Er ist ein arme wirtte
    Der nit gebeiten [5] mag

---

[3] grin, kringe, krenge, ein Zirkel, eine Rundung, Rand.
[4] löten, hinzufügen, setzen
[5] gebeiten, erwarten (hier heiſst es, auf Borg geben)

S 2

276

 Eynem ein einige örte [6])
 Bisz uff eynen tag
5 Das ym das pffant so oben lyt
 In der nehe und nit zu wyt
 Der ortten er wol gebeiten mag
 Bisz ym kümpt das ziel

XI   Ir frommen eitgenossen
 Ir frommen festen degen
 Achtent es nit grofze
 Ir sind es zum gerinsten gewegen [7])
5 Uch ist dem fafz ein reiff enbonden
 Der wyn in schlossen nit gesund
 Das hat gewerret manig stund
 Bisz das es sich ergeben hat.

XII   Dürst ich die sach betuten
 Ich det es von hertzen gern
 Zu Zürch sint edel lute
 Man möcht sie vor buwern wern
5 Sie sint kürtzlich herren worden
 Sie koppen [8]) in der herren orden
 Detten sie als ir fordern
 Des pfawen swanz enbern

XIII   Es wol etwan frömd gesin
 By alten Zürcher tagen
 Das die ruter usz und yn
 Zu Zürch solten traben

---

6) úrte, Zeche.
7) gewegen, erwägen, bedenken
8) koppen, fallen, gerathen

277

   5 Ein kauffmann der by ym nit dreyt
     Der darff von Zürch kein geleit
     Die rüter thun ym kein leit
     So er nit by ym dreyt

XIV   Darumb so ist zu prysen
     Die eitgenoszschafft
     Die von Bern wisent
     Von Solitory mit krafft
   5 Und was zu yn da gehört
     Das haben sie dick wol gewert
     Mit fromkeit und mit eren
     Mit rechter truwen behafft

XV   Von lutzern, von zug von swytze
     Von glares veste lüt
     Von ure und von ursuren
     Die habent hertte hüt
   5 Die von underwalden
     Dörentz wagen balde
     Sie machent es nit lange
     Was yn ym hertzen lyt

XVI   Die stet und die lender
     Die sintz wol eren wert

       (Hier ist das Lied abgebrochen, und die Seite leer
       gelassen.)

———————

278

LI.

Eyn suberlich lytlin.

I   Myn hort ich han ergeben mich
Dir eigen gar on als gerüwen
Des selben glichen biet ich dich
So wer wir beidn freuden rich
5 Gantz fruntlich truw ich dir versprich
In dyner lieb bin ich verwunt
Wo ich hin ker zwar ewiclich
So freut mich doch din rotter munt

II   Grosz lieb on leit mag nit gesin
Das solt du recht bedencken dich
Myn hertz das hat verlangen pin
Wann ich dich fruntlich ane sich
Wann ich bin fro und hab doch leit
5 Wann ich dir nit mag sprechen zu
Ja du dreist doch der eren kleit
Tag und nacht spat und auch fruw

III   Mins hertzen wunnen bluendes rysz
Zu dinst ist dir myn hertz bereit
Du dreist doch der welte prysz
Mit eren bist du gar bekleit
Geselle gut was ich dir gan
Des selben glichen günd auch mir
Zwyfel nit biesz on argen won
So ist erfreuwet myns hertzen begir

LII.

Eyn ander suberlich lytlin von eyner fischerin.

I   A̲s wolt ein hübsches freuwelin
     Wolt fischen uff dem see
     Mit irem nüwen schieffelin
     Got geb uns glück und heil
5   Sie schick den man ins he
     Sie schick den man ins he
     Sie schick den man ins he

II   Was begeget ir uff der heide
     Ein knabe was hübsch und fin
     Er bat sie das sie dete
     Den liebsten willen sin
5   Sie schick den man ins he

III Er nam sie by der hende
     By ir schnee wysen hant
     Er fürt sie an ein ende
     Da er ein bettlin fant
5   Sie schick den man ins he

IV Er nam sie da mietten
     Er warff sie uff das bett
     In irem gelwen kittel
     Ja uff der selben stet
5   Sie schick den man ins he

V   Da kam der alt gegangen
     Des die frauw nun was

280

Ach frauw liebe frauwe
Ia wie gemeinst du das
Ich bin nit im hee
5 Ich bin nit im hee, im hee
Ich bin nit im hee

VI   Das liett sy uch gesungen
Von einem alten man
Und von siner hubschen frauwen
Die schympff wol machen kan
5 Der man der ist im hee
Der man der ist usz dem hee
Der man der ist usz dem hee *)

LIII.
Eyn ander suberlich lytlin.

I   Der walt hat sich belaubet
Des freuwet sich myn mut
Nun hüt sich mancher buer
Der went er sy behut
5 Das schafft des argen wintters zorn
Der hat mich beraubet
Des klag ich hüt und morn

II   Wiltu dich erneren
Du iunger edelman
Folg du myner lere
Sietz uff drab zum ban ¹)

---

*) Man vergleiche des Knaben Wunderhorn I. 345. und Bragur
II. 212.
1) ban, Geldstrafe, Tribut,

    5 Halt dich zu dem grünen wald
      Wann der buwer ins holtze fert
      So renn yn frieszlich [2]) an

III   Herwüsche yn by dem kragen
      Erfreuw das hertze din
      Nym ym was er habe
      Span usz die pfferdelin sin
    5 Bysz friesch und dar zu unverzackt
      Wann er nummen pfenning hat
      So rysz ym gurgel ab

IV   Hebe dich bald von dannen
      Bewar din lyp din gutt
      Das du nit werdest zu schannen
      Halt dich in stetter hut
    5 Der buwern hasz ist also grosz
      Wan der buwer zum dantze gat
      So dünck er sich fürsten genosz

V   Er mympt die metzen by der haut
      Die gybt im eynen krantz
      Er ist der metzen eben
      Der selbe ferer swantz
    5 Die dörppel [3]) dörppel hinden nach
      Das ist der metzen eben
      Und dem contzen auch

VI   Ich weisz ein richen buwern
      Uff den han ichs gericht

---

2) freislich, schrecklich, wild, fürchterlich.
3) doerppel, Tölpel.

282

Ich wil ein wylen luren
Wie mir darumb geschicht
5 Er hilfft mir wol usz aller not
Got grutz dich schöns iungfreuwelin
Got grusz din mundelin rott

LIV.

Eyn suberlich lytlin von eyner schryberin.

I   Unmut wollen wir faren lan
Gein dieszem külen, wintter
Und der sich des wol understan
Der dret hin dan
5 Das freuwent uch lieben kynder
Eya ho
Myn hertz ist fro
Die hertze schriberynne

II   Nu rat dar zu das mir gelinge
Ja wolt ich schriben lernen
Von eyner stoltzen schriberinne
Das wer myn syn
5 Wolt sie mich des geweren
Eya ho etc.

III   Schriben künd ich gerne
Wie möcht mir ummer werden basz
Sie hat ein kluges dinttenfasz
Wolt sie mir das gunden
5 Wie wol es doch kein deckel hat

283

Des würde wol rat
Der deckel würd wol funden
Eya ho

IV   Ob ich vermachen künde
Lesen musz er künden
Der sich nach schriben stellet
Das fint man yn dem a b c d
5 Ein *z* ein *e* ein *r* ein *s* gesellet

LV.

Eyn lytlin von den richstetten.

LVI.

Eyn suberlich lytlin von den rutern.

LVII.

I   Ich weisz ein dörppel heiszt der glantz
Er springt gar höfflich an dem dantz
Die metz gyt ym ein rosen krantz
Er meint der rey wer doch nit gantz
5 Und kem er nit dar an
Der selbe höfflich man

II   Wie bald er nu dem pffiffer winckt
Mach mir den reyen den man hynckt

284

Den uff und nieder sinckt
So wil ich dantzen das es stinckt
5 Für der metzen gut
Sie gyt mir hohen mut

III   Er nam die metzen by der hant
Er dantzet umhin nach der want
Er wont er dient dem gantzen land
Die sprung det er alle sant
5 Er dragt sich für ir umb
Der selbe dörppel drom 1)

IV   Er rumpt ir heymlich in ein or
Wann ich nu spring schupff 2) mich enbor
Sie gedacht du bist ein rechter dor
Ich bin dir nit als holt als vor
5 Du gnappest mit dem kopff
Und bist ein rechter dropff

V   Zu der metzen ist ym gehe
Er dreit zwen schuw sin glat und zech
Und ein barchet der ist wech
Mit rotten striechen is er spech 3)
5 Die über die achsel gond
Und uff dem irmel ston

VI   Er hat ein grüne kappen
Daran hangen lappen
Der selbe dieledappe
Er kan wol ummer gnappen

---

1) drom , ein Balken, eine Stange.
2) schupfen, heben.
3) spech , spech, Possenreifsermäfsig.

285

5 Von der metzen zart.
  Sie kömpt von hoher art.

VII Er gnappet hyn und gnappet her
  Für ir so gat er als ein zwerg
  Er dut recht als ein wilder ber
  Er dutz ye lenger und ye mer
5 Fiel mengen hohen sprung
  Der selbe dörppel drom

VIII Er hat ein har das ist gel und krom
  Und dreyt ein syden gürttel umb
  Ist ran *) als des von Wirttenberg stom
  Und ein horn das ist krom
5 Das er an ym dreyt
  Da mit er irs verücht

LVIII.

Eyn suberlich lytlin von dem meyen.

I Des meyen zyt die fert dort her
  Des freuw ich mich mit schalle
  Sie liebet mir ynniclichen ser
  Sie liept mich für sie alle
5 Wen ich an sich die höchste freude myn
  Für alle diesz welt so belib ich din
  Und acht nit wem es gefalle

II Min hoestes ein nu wisz für war
  Das du mich freuwest für alle diesz welt

---

4) ran, zart, schlank.

286

In stettickeit erkenne es gar
Das ich von dir hab wieder gelt
5 Wenn sie nit lept uff diesszer erd
Der lieb ich für die din beger
Und ich dich mir han usz erwelt.

III   Wol uff gelück und füg dich schier
Das ich er see myn hoesten hort
Wer ich by ir als sie by mir
Das wunst ich gern mit eynem wort
5 Myn unausker ¹) schick dich schier
Verlangen bringt grosz synnen in mir
Wenn mir kein mensch nye lieber wart

IV   Syt das der mey vergangen ist
So hat myn freud ein ende
Die mir die liebst uff erden ist
Von der must ich behende
5 Und ich by ir nit lenger dorst gesin
Das macht mir yn mynem hertzen pin
Wo ich uff erden lende ²)

V   Halt mich für dich myn hoestu frauw
In stedickeit dines herzen
Diner gnaden ich wol getruw
In schympff und ane schertzen
5 Kein semlich lieb kam nie zu mir
Als sich myn hertz helt stet zu dir
Von mir kümpt fiel smertzen

---

1) unauskerd scheint der Gegensaz von auskert gottlos, ruchlos
zu seyn

2) sich lenden, richten, bewegen

287

VI   Dar an gedenck myn uszerwelt
     Nit lasz mich gein dir leiden
     Myn hertz hat sich zu dir geselt
     On got so mag uns niemant scheiden
  5 Din wil der werd on alles nein
     Ich bin und belib doch din allein
     Verbunden stat by eide

VII   Sol ich ein zyt von diner frucht
     Diner angesiecht beraubet sin
     So wol doch frauw din ere und zucht
     Nit scheiden von dem hertzen myn
  5 Wo ich uff erden hin lende mich
     So wol din gnad gedenken an mich
     So belib ich dir verbunden

LIX.
Eyn suberlich lytlin.

I   Heidelberg ist ein herren stat
     Da fint man rotter mundelin zart
     Von iungfrauwen und von frauwen
     Der es nit glauben wöl der gang
  5 Zum dantz und schauw esz

II   Ich het mir ein bulen usz erkorn
     Den han ich umb ein pfennig verlorn
     Ich musz yn faren laszen
     Das bin ich ein trurig man
  5 Zur kirchen und zur straszen

288

III   Und da ich mynen bulen het
       Da trug ich bla betutet stet
       Die farw ist mir benomen
       Nu musz ich tragen swartze farw
    5 Die bringt mir keynen fronmen

IV   Swartze farw die wil ich tragen
       Dar yn wil ich myn bulen klagen
       Ich hoff es wer nit lange
       Snyde ich mir ein grüne farw
    5 Die ist mit lieb umb fangen

V   Grüne farw ist ein anefang
       Wysze farw hab ummer danck
       Wo fint man din glichen
       Wer ein steten bulen hat
    5 Der sal nit von ym wychen

VI   Grae farw ist in der lieb
       Brune farw erwelt ich mir
       Von der musz ich mich scheiden
       Und wer mir vatter und mutter dot
    5 So geschee mir nit so leide

VII   Da kam ich yn ein gerttelin
       Dar in da fant ich den bulen myn
       Mit eynem andern kosen
       Brach sie mir ein krentzelin
    5 Von fieln und von rosen

VIII   Ich sasz zu ir in das grasz
       Schöne frauw warumb dunt ir das
       Wie habt ir mich so hertte

                                 Gedenkt

Gedenckt mir wol des guten tags
5 Ir warent myn geferte

IX Sie sprach ir sint ein gemlich ¹) man
Dar umb wil ich uch faren lan
Nit myn schöne frauwe
Sie bott mir iren rotten munt
5 Des morgens in dem tauwe

X Schone frauw ist das der lon
Den ich umb uch verdienet han
Mit dantzen und mit springen
So wil ich dieszen summer lanck
5 Mit andern fogeln singen

XI Der uns das liedelin nuwes gesang
Das hat gethon ein hoffe man
Er hatz gar wol gesungen
Also wirt mancher gutter gesell
5 Von sinem bulen verdrungen

XII Er singt uns das und singt uns me
Got behüt den hübschen freuwelin ir er
Vor ettlichen falschen zungen
Zu heidelberg fint man ir fiel
5 Der alten und der iungen.

_____

¹) gemelich, verdrieslich.

290

LX.

Eyn suberlich höfflich spruch von den
frauwen, wie sie sich des morgens
schauwen.

I   Ich han kürzlich vernomen
Und gehöret mer
Wie ein brieff sy komen
Usz frömden landen her
5 Den hat man uns her gesat   *an*
Armen und richen
Und das bekannt

II   Jungen und den alten
In dem lande wyt
Wie wir uns sollen halten
Hie in dieszer zyt
5 So find ich zu dem ersten geschrieben stan
Das nyemant an dem morgen
In dem nebbel sol nüchtern in die kirchen gan

III   Die nebbel sere stinken
Und sint gar ungesunt
Darumb sollen wir sere trincken
Furbasz du ich uch kunt
5 Lieben kynder alle gemein
Wen die mosz zu klein dunck
Der neme zwo vor ein

IV   Furbasz musz ich veriehen
Als der brieff hie seit

291

Man hat auch an gesehen
Grosz gebrechlichkeit
5 Die wir hent gehept fur war
Fernt [1]) in dem sommer
Wyns halb und zwar

V   Man gebüt auch allen **frauwen**
By der höchsten pin
Das sie sich des morgens für dem spiegel schauwen
Wie sie geschaffen sin
5 Ee sie uff die gaszen gon
Ob in hochsleyer
Wol oder übel uff stan

VI   Fürbas gebüt man me
Allen frauwen zwar
Welche bricht ir ee
Die sol ein firttel iar
5 Gein baden faren in das bat
So sol sie büszen und beszern
Nach ihres bulen rat

VII   Wo man kan den man erhaschen
Der ein semszlich det
Der heymlich usz ging naschen
Sin elich frauw versmecht
5 Der musz werden an den dumen gehenckt
Und in den stock geschlagen
Da man den wyn an dem besten schenkt

VIII   Sunder thut man zu wissen
Den iungfrauwen ane danck

---

1) fernd, vergangenes Jahr

T 2

292

    Welche ein floch hette gebieszen
    Sieben schuch lanck
5 Die noch ein schappelin ²) uff leckt
    Die sol man straffen mit der rutten
    Die heintz lül zwuschen den beyn dreit

IX   Noch eins musz ich uch melden
    Das get die man auch an
    Welche in land fluchen und schelden
    Und sich ir frauwen laszent schlagen
5 Den hat man gesatz zu busz
    Wasser zu holen wyndel zu weschen
    Und by dem hert rüren das musz

X   Furbasz ich uch bedute
    Das solt ir mercken eben
    Welche antwerck lüt
    Diher keuffen und wolffel geben
5 Von dem wil die busze han
    Ein blattern ³) furn arsz zu dem thor hinnusz
    Das gewindet er dar an

XI   Also hant ir wol verstanden
    Nu in dieszer frieszt
    Das als dinck in dem lande
    Wol versorget ist
5 Sunder wer ein geleyt an sich fasz
    Der get an ettlichen enden also siecher
    Als ein wolff in der kremergasz

2) schaeppelin, Kranz

3) blattern, Blase

293

XII   Wer nu sin ingesiegel
An den Brieff gehencket hat
Ein sneck und ein iegel
Die sin der selben rat
5 Geborn here usz snacken lant
Sie habens wol besachet [4]) per antyffrasim
Dut myszener hie bekannt

LXI.

Eyn suberlich höfflich spruch von dem spiel karnoffelin.

I   Wer sich singens nern wil
Nu in dem lant
Der musz kunden [1]) abentuer fiel
Mit sachen mancher hant
5 Geistlich werntlich krum und slecht
Wil er werden gehoret
Fur ritter und fur knecht

II   Darumb ich hie verkünd
Allen frauwen und man
Wo gesellen und liebe fründe
Wollen zusammen gan
5 Uff drinckstuben zu dem wyn
So sollen sie by in haben
Das spiel karnöffelin

[4]) besagen, bezeugen
[1]) kunden, wissen, verstehen, kennen.

294

III   Das gebut man leihen und gelartten
           Gar in schneller yl
           Da mit sie sollen kartten
           Fur die langen wil
     5 Und sich nit müszick sehen an
           Es ist kein kalpp an einem stecken
           Es wol geschympffet han

IV   Es ist auch ein einfeltig spiel
           Kein alfantz [2]) da by
           Darumb haben wise meinster fiel
           Gelesen usz der bübelly [3])
     5 Was groszer tugent an ym ist
           Die wil ich uch bescheiden [4])
           Nu in dieszer frieszt

V   Die erste tugent und drüw
           Die das karnöffelin hat
           Als der wolff mit der süw
           Hinder dem dorff umb gat
     5 Der zucht ir ab hut und har
           Also thut auch
           Das karnöffelin zwar

VI   Er zucht einem ab rock und kiettel
           Und bint ym mit dem seil
           Also schrybt das ander cappittel
           In dem zwölfften deil
     5 Und sagt von syner tugent me

---

2) alefantz, Betrug.
3) bubelly, Büberey, von „bubilieren" buben, Narren, Schurcken-
     streiche treiben.
4) bescheiden, auslegen, erklären.

295

Und bewert das mit den heiligen lerern
Die uff der kartten gemolet sten

VII   Mit andechtigen gedencken
Wirt gemyst das spiel
Mit heymlichen wincken
Lugen sie uff das ziel
5 Wer da wirfft ein fryhen usz
So schieszen sie umbmedum [5]) zu
Als ein katz uff ein musz

VIII   So hebt sich dan ein studirn
Iglicher in sinem buch
Wie sie über füren
Manch swür und flüch
5 Wirt da fiel gethon
Von den selben knaben
Die dan verlorn han

IX   An dem drietten cappitteln
Der babst schribet an logen
Wan du glauben an yn hast
So wirst du nit betrogen
5 Er ist ein heilig man so fast
Er hört dich bicht und setz dir busz
Die wil du ein pfennig hast

X   An dem fierden cappitteln mit fugen [6])
Werden wir hie gelert
Von dem erber man kluge
Der niemantz unglicks gert

5) umbmedum, überall, von allen Seiten.
6) mit fugen, wie es sich ziemt, auf angemessene Weise.

296

5   Und ist mit namen der tüfel genent
     Der selb die warheit
     In dem spiel erkent

XI   Und waret einen für sinem schaden
     Das er sich hütten sol
     Er ist mit fromkeit überladen
     Als ein krebs mit banwol
5   Der hat ein schemlichen 7) ganck
     Also thut auch der tüfel
     Mit manchem liest und klanck

XII An dem funfften blate
     Find wir geschrieben mer
     In groszer mayestate
     Sietzen den keyser her
5   Der hat by ym fiel underton
     Graffen und fryhen
     Die das lehen von ym hon

XIII Die müszen des karnöffels wartten
     By lyp und gut
     Das nieman verschlag keyn kartten
     Wann es verbietten dut
5   Und das gelt stet uff der ban
     So kümpt heintz eff mich wol
     Der zücht es gar bald dar von

XIV Darumb ir lieben knaben
     Lat uch befolhen sin
     Die die liebe haben
     Zu dem karnöffelin

───────────

7) schemlich, schimpflich.

297

5   Die verdien gnad ablosz
    Und wirt in in der mosz gesegent
    Als dem hund das gras

XV   Hie singet mysner
    Als er vernomen het
    Ob yemant hie nu werre
    Der zwyfel oder argwon het
5   Das ym unglich gescheen in dem spiel
    Das wieder spricht der tüfel
    Und nympt es uff sin arme sele

LXII.

Qualiter rusticus declinatur etc.

LXIII.

Ach mynne wie grosz ist din macht
Wo man sleft oder wacht
So bistu stete gewert [1]
Beide linde und hert
5   Deilstu das leben in die land
    Das ist an manchen wol bekant
    Wy ich das inne worden bin
    Eines dages wart ich gezücket hin
    Frauwe mynne sante mir boden
10 Und lies mir selber raden
    Das ich volgete irer spor
    Linde was das erste iar
    Süsze was ir anefanck

---

1) gewert, erprobt, erwiesen, für wahr bestätigt.

298

Dar nach swer der abeganck

15 Sy brach mir off ir müder

Und warff myr vor ir lüder [2])

Und lys mich daroff dreden

Sy konde mich wol besteden [3])

Mit konst und mit behendekeit

20 Bis ein frauw wart gereit [4])

Dy sy zu mir sante

In b r u n ich sy erkante

Alles das sy drock an ir

Gar fruntlichen sprach sie zu mir

25 Du salt mir wilkom sin

Ich sprach gnad edele frauwe fin

Sy sprach bistu also komen her

Hastu zu der mynne ger [5])

Der rede wart ich unmaszen fro [6])

30 Und sprach edele frauwe io

So horche drut geselle gut

Und nym eb.n in dinen mut

Mine lere wil ich dir geben

Wie du der lybe solt leben

35 Du salt lerne swigen

Und allen frauwen neigen

Dorch der willen du dich vereinest

Das du sy mit drüwen meinest

Zocht und rechte masze

40 Nummer von dir gelasze

---

2) lueder, Reize von laden, einladen.
   Der Sinn dieses und des vorhergehenden Verses scheint zu seyn:
   „sie eröffnete ihr Mieder (Bruststück) und zeigte mir ,ihre
   Brüste. “
3) besteden, bestaeten, unterwerfen, in den Banden zurückhalten.
4) gereit, bereitet, ausgerüstet.
5) ger, Begierde, Verlangen.
6) unmaszen, unmässig.

299

Hüt dich vor geselschafft
Dy sich berümet und klafft
Nim eben in dinen mut
Was dir von liebe kümmet zu gut
45 Das saltu in din hertz smyden
Und dich dy lybe lan geleyden
E das ymant werde gewar
So volgestu der rechten schar
Döstu das so volget dir heil
50 Nu hast du miner lere ein deil

Hier fehlt ein Blatt der Handschrift, das folgende
fängt mit einem neuen Abschnitt an.

65 Dar mere ein ander frauwe ginck
Min frauwe sy schöne entpfinck
Und drockte sy tzu ir an ir brost
Do sach ich freude und lost
Ir gewant geschnyden was
70 Von sammit grün als ein grasz
Ir husz gar köstlich lag
Dy wende alle von smarag
Wol geziret waren
Das ich by minen iaren
75 Soliche richeit ny gesach
Mine frauwe tzu der einen sprach
Sych ich bringen dir einen gast
Also lyp als du mich hast
Dorch druwe dy du tzu mir dreist
80 Den nym und lere in als du wol weist
Dir ist bekant der wörtzen [7] krafft

---

7) wörtze, Gewürze, wohlriechende Kräuter, Spezereyen.

300

Do is dorch geselschafft
Und gip im do von er werde tzam
Wan ich dar umme her tzu dir quam
85 Sy sprach werlich das sal sin
Got segen dich lybe swester myn
Sprach min frauwe got din phlege
Ich stont off minem wege
Vaste stil off einer stat
90 Dy grüne gar kündeklichen drat
Tzu mir her quam sy gedrongen
Sy sprach sage mir unbetzwongen
Ob du nu wilt heben an
Ich sprach ia frauwe tzart ab ich kan
95 » So rade ich dir bedencke dich recht
Do ist manch ritter und knecht
Der geringlichen ane fecht
Und gar swerlichen abe let
Ich sprach frauwe ich enroch [8])
100 Ich bin usz komen umb gesoch
» Wiltu also das duncket mich gut
So saltu freude und hohen mut
Stede an dich nemmen
Was dir gedencken quemen
105 Dy dich wolten drigen
Dy saltu laszen flygen
Prüfe geberde und sin
Wo du dich wilt keren hin
Warte das dich din drüwe
110 Icht bringe in after rüwe [9])
Das saltu alles vor besinen

---

8) enrochen, unbesorgt seyn.
9) after ruwe, zu späte Reue.

Und den in grün beginnen
Wan keine frocht volnkommen kan
Sy hebe sich dan an grün an
115 Dar umme ist grün ein anfanck
Wer ny gelyden hat betwanck
Der erfert dar umme das
Das ime for unkundig was
Mit grün auch entsprüszet
120 Alles das des dy wernt genüszet
Nu höre forbas off genis
Und merck eben was ich dich heis
Grün ist auch tzun augen gut
Off grüne entsprüszet wisze bluwt
125 Das wirt tzu male bekant dir
Ob du nu wilt folgen mir
Ich sprach zu ir alzuhant
Mir ist grüne wolbekant
Sint uwer konst mich röret
130 Ich tzy war ir mich föret
»So saltu eben nach mir sinnen
Ich heiszen der freiden anbegine
Und fören dich von den wilden
Czu der dy dich leret bilden
135 Und hoffen czu den besten
Wir werden ir lybe geste
Sy det mir fruntschafft vil bekant
Sie nam mich selber by der hant
Und forte mich off der mynne spor [10])
140 Hette ich gegangen dusent iar
Das duchte mich ein kurtzer dag
Des gefertes [11]) des ich do pflag

10) spor, Spur.
11) gefert, Geschäft, Beschäftigung, Arbeit.

302

Sie brachte mich off ein wiszes felt
Dar off fant ich ein gezelt
145 Das was von groszer richeit
Könste gar vil dar an geleit
Das duch was wisz sydin
Dy kneiffe alle von perlin
Schöne luchten sy gein der sonne
150 Mancher hande wonne
Von vögelin und von diren
Man möchte wol tziren
Aller wernde ein gemach
Das ich dar off ligen sach
155 Dy schnüre glich der kride
Waren von wiszer syde
Dy kile von adamas
Do mit es off geschlagen was
Dy pforte gab von golde schin
160 Dy vortzeiger 12) gingen dar in
Da das freuwelin inne sasz
Alles mines druren ich vergasz
Do ich dy schöne tzom ersten ane sach
Mich duchte das alle dy wernt sprach
165 Hoffen ist das beste
Sint wilkom ir lybe geste
Sprach dy uszerwelte frocht
Vorgebent mir die ontzocht
Das ich nicht gein uch off stan
170 Ir sehent wol das ich zu schaffen han
Der gewant was geschnyden
Könsteklich nach fremdem syden

---

12) vortzeiger, Ankündiger, Anmelder?

Von rosen und von lilgen
Sy konde wol drüren dilgen
175 Sy sas vor uns und entwarff
Ein angesycht das was scharff
Mine frauwe winkte iener
Und sach off und sprach wemir
Sal ich dich nu verstören
180 Du salt mich ein wennig hören
Sych ich bringen dir einen wiltfanck [13])
Las mich nicht verlysen [14]) den ganck
Den nym und bringe dir in tzu
Mit diner konst sy sprach ich do
185 Mine frauwe dy neick sich und schit von dan
Ich vör ir bleip off lyben wan
Da sy usz dem getzelde quam
Einen brieff sy vor sich nam
Sy sprach ich wil dir vor lesen
190 »Off erden ist kein beszer wesen
Wann hoffen tzu aller zyt
In hoffen alle dy wernt lit
Von hoffen sich alle lybe entzündet
Was dir hie wirt geköndet
195 Das nim eben in dinen sin
Als lyp als ich dir bin
Hoffen ist vor druren gut
Hoffen bringet hohen mut
Hoffen leit verdriben kan
200 Von hoffen iunget auch ein man
Was tzwiffel föget pin
Das bringet hoffen wyder in

13) wildfang, ein junger lebhafter noch ungebildeter Mann.
14) verlysen, verluisen, verlieren.

504

Mancher möste ersterben
Hoffte er nicht tzu erwerben
205 Das is beszer mit im wörde
Hoffen nymmet abe grosze börde
Dy da nyment kan entladen
Das hoffe auch du on allen schaden
Hoffen manchen usz sorgen erlöst
210 Hoffen auch den armen dröst
Das er hoffte er werde riche
Dar um enist hoffen nit gliche
Dede hoffen und tzöversycht
Alle dy lybe dy wer ein wycht
215 Dar an lernstu wol wan du wilt
Höre nu tzu wie hoffen bilt
Wo du mit hoffen gedenckest hin
Das vaszest du gar eben in dinen sin
Das sos mit nichtten möchte gesin
220 Wer an dir nicht hoffen schin
Sych ich wil entwerffen dir
Wartte gefällt dir icht von mir
Das lerne ich dich in kortzer frist
Sprach sy tzu mir an alle list
225 Ein boch hette sy bereit
Das hatte sy vor sich geleit
Dar inne bewiste sy mir könste gewalt
Sy entwarff mit mancherley gestalt
Doch befiel keines in minem sin
230 Sy malte alles vor sich hin
Bis ich ein bilde recht ersach
Das mir dorch myn herze brach
Ich sprach beide [15]) frauwe dogentlich

---

15) beide, beite, warte, verziehe.

Off

305

Off erden lebet das nicht gelich
235 Das ist vollkommen und gut
»So nym eben in dinen mut
Ob du es auch gemalen macht
Ja frauwe tzu mitternacht
So bildet sichs in das hertze myn
240 Sy sprach nu woloff is sal sin
Ich führe dich in ein fremdes lant
Do inne du in lybe wirst enbrant
Wir wollen rumen dysen kreisz
Und wil dir sagen wy ich heisz
245 Ich heiszen h o f f e n t z u a l l e n u r e n
By mir darff nymant druren

Ich volgete mit freiden irer ler
Bis ich ersach ein groszes her
Dar inne ein freuwlin wol gethon
250 Das tzünte mich an manchen enden an
Er reitt off einem pferde
Das mir off aller erde
Ein r o d e r pfert ny erschein
Wol geschicket beide lyp und bein
255 Der sadel der was so wol gemacht
Das ich also gedacht
Das er swer zu gelden [16]) were
Der tzaum der was so kospere
Mit rodem sammit übertzogen
260 Tzügel sadel und bogen
Von golde und robin
Gaben off dem getzüge lichtten schin

---

16) gelden, gelten, bezahlen.

306

Ich ginck vorbasz und sach
Eine kappe rot scharlach
265 Dar unter alles ein rot gewant
Recht als is mit fure were entbrant
Do mit dy frauwe was gekleit
Dy so gar stölzlich reit
Wir gingen aber vörbas
270 Wy schyre [17]) sy von dem pferde sasz
Und lieff gein miner frauwen her
Sy sprach du bringest mir nuwe mer
Du salt mir willkom sin
Du und der geselle din
275 Min freuwlin mit züchten anefanck
Sagete ir unser beider danck
Sy sprach sage an was schafft du hie
»Jch wil dir sagen wy
Ich off dyse fart bin kommen
280 Ich habe den mit mir usz genomen
Den han wir unser konst gelart
Den nim und bringe du in off die fart
Mit tzöchten sy sie ummefinck
Sy gesegete sy und wider von ir ginck
285 Sy sprach »blip dines modes bederp [18])
»Ich mos gen wyder an myn gewerp«
Ich wart von unwytze do erfreuwet
Das felt mit blomen was durch strauwet
Do sprach dy uszerwelte tzart
290 Wiltu nit enden dine fart
Ich sprach ia frauw ich beger

---

17) schyre, schnell.
18) bederp, bederb, gut,
    „blip dines modes bederp.‟ Erhalte dich in gutem Muthe.

307

```
      Dar umme ich us bin kommen her
      So höre recht wy du leben solt
      Rott ist beszer dan golt
295   Rott nymant vergelden mag
      Rot ist zu freiden ein bloender dag
      Mit rot gatt off dy sonne
      Rot ist aller wernde wonne
      Ich bewise dir das mit wytze
300   Wo lybe ist an hytze
      Dy mag nummer bliben gantz
      Do von ist rot der dogent ein krantz
      Nu merk wo tzwei gelyben sin
      An in bewist sich ir druwe schin
305   Wann sie sich des voreinen
      Das sy is götlichen meinen
      So wil rot nu werben
      Und machet das sy sich verben
      Und werdent schön gestalt
310   Also bewiset rot ir gewalt
      Das man do by erkennen kan
      Wy man druwe sal verstan
      Nymant enist recht lybe erkant
      Er werde dan in röde entbrant
315   Sych wy ich das bewisen kan
      Sy entzönte mich dorch dy augen an
      Das mir hertz und mut
      Alles brante als ein glut
      Nu höre noch ein kortze stont
320   Merck wan in röte stet ir mont
      Kanstu das besinnen gar
      Du machst dich frauwen dusent iar
      Ich sprach io frauw alltzuhant
      Mir ist alles wolbekant
```

11 2

308

325 Was y brante ader glam
Wol mir das ich her tzu uch qwam
Sy sprach das wil ich dancken got
Und wil dich füren sonder spot
Do du lernest bliben veste
330 Wann mir alssolich geste
By mancher tzit ny qwamen
Und wil dir sagen mynen namen
Ich heisze dy lybe entzünde
Tzu wem ich mich gefründe
335 Der gewinnet freide und hohen mut
Tzyhen wir förbas das döncket mich gut

Sy forte mich das was nicht na
Da lag ein husz das was himmel bla
Beide muren und dach
340 Das ich blaweres ny gesach[1]
Das was mit könsten also vorgraben
Solde alle dy wernt gestörmet haben
Sy hatten nicht geschafft ein har
Man möste mit drüwen komen dar
345 Min frauwe rieff vor dem dor
Der wechter sprach wer helt do vor
Sy sprach ich bins dy lybe entzünt
Er sprach ist das uwer frunt
Der do fast by uch stet
350 Ir wiszent wol das nymant herinne get
Er habe dann tzu druwen sich gekart
Mine frauwe sprach er ist gelart
Er dut was man ime saget for
Tzu hant schlos man off dy dor

355 Mich düchte wy ich qweme off den gral [19])
Ich fant do freuden richen schal
Beide man und wip
Dy ryffen alle, stede blip
Eine do nahe bimsas
360 Dy ir aller frauwe was
Der gewant was auch also
Noch fil blawer dann bla
Dye hatte zu lybe sich geschycket
Und tzu lybe sich vorstricket
365 Das is eweklich solde weren
Des begönde ich auch begeren
Do det dy werde dy reine
Tzucht und gude meine
Vil gein miner frauwen kont
370 Sy sprach bis wilkom dusent stont
Nu wolde ich gerne gein uch gan
Gebüt mir was du wilt han
»Ich bitte dich das ist nit lanck
Las mich nicht verlysen den ganck
375 Das du lybes swesterlin
Las dir dysen gast bevolen sin
Wan ich dich lange ny gebat
Noch keiner an sine stat
Quam bi manchem iare
380 Hilff das er in den orden vare
Er heldet alle din gebot
Do mitte mös din pflegen got
Got segen dich got sy mit dir

---

19) gral. Bekannt sind die Erzählungen von dem heiligen Graal,
der den Rittern der Tafelrunde Stoff zu manchen Unternehmun-
gen und Abentheuern gab. Hier scheint dieser Ausdruck das
Allerheiligste bedeuten zu sollen.

124

310

    »Ich gebe im gerne mine ler

385 Sy sprach wiltu nu hören tzu
Ich knyte for sy ich sprach ich du
Wiltu sendes [20]) leit vormiden
So mustu ummer stede bliben
Dorch der du dich voreinet hast

390 So gewinest du freude und hohen drost
Höre wy ich das bewisen kan
Las dich alle dy lybe han
Dy off erden y gewart
Hastu stede nicht gelart

395 Das hilffet dich nicht als umme ein stro
Du bist hude hy morn anderst wo
Stete ist der rechten lybe ein gront
Stete ist der högesten freide ein bont
Merck wer dir ist in hertzen beger

400 Vindest du auch do drüwe gein dir
Das ist der grösten freiden ein
Dy dy sonne y überschein
Off stete mag man buwen
Stete mag man wol getruwen

405 Stete gibt dem hertzen krafft
Von stete kömmet grosze fruntschafft
Ich drüwen dir das tzu bezeigen
Stete machet einen wilden eigen
Von stete kommet lypliches blycken

410 Stete lernet strycken
Tzwei lybe tzu der minne bant
Stete get durch alle lant
Do enist nicht gröszers wan ir macht
Nu merck eben und dracht

---

20) sende, traurig.

415 Wiltu den orden mit uns han
    Das las körtzlichen mich verstan
    Ich antwerte ir e ich mich besprach
    Was ich ordens y gesach
    Ader y horte wo ich was
420 Kein orden gefil mir ny bas
    Mit willen ich mich dar inne gebe
    Und bliben dar inne dy wil ich lebe
    Iren segen det sy uber mich
    Sy sprach got bestedege dich
425 Ste off du salt nummen kniehen
    Alle unstete sal dich fliehen
    Vör swonden ist zumal din pin
    Du salt by uns hy frölich sin
    Din druwe dy ist unverlorn
430 Du wirst tzu keiser hy geborn
    Das wil ich dir körtzlichen enden
    Und wil nach dinem bulen senden
    Dy wirt dir der warheit iehen
    Das saltu hören und sehen
435 Das sy drüwe habe tzu dir
    Ich sprach so geschach ny liebers mir
    Wan das ir wörde min druwe bekant
    Do gap sy mir ein bla gewant
    Sy sprach das saltu mit mir dragen
440 Und wil dir mynen namen sagen
    Ich heisze wancke nummer nicht
    Stete ist myn tzuversycht
    Ich gedachte gnaden richer got
    Wy schir hilffstu sonder spot
445 Wen du wilt beraden
    Ich sante us schnelle boden
    Und lys köndegen allen frunden min

312

Das ich keiser solde sin
Mir wart freiden fil bereit
450 Ich wart keiserlich gekleit
Und gesatz off des riches stol
Vordempfft was miner sorgen pfol
Vor swonden was zu mal min not
Ich sas notet [21]) und gebot
455 Und meint in eren ummer leben
Und hys mir das cepter geben
Das wolde ich nemen in dy hant
Da worden mir ander mere bekant

Do quam eine frauwe dy was s w a r t z
460 Das mich ir angesycht smartz
Und gar tzorniges modes
Wan is beduten nicht godes
Wan sy was upeklich [22]) gestalt
Sy swechte mich und min gewalt
465 Den stol röckte sy mir nyder
Das ich for noch syder
Also grulichen ny erschrack
Alle myn freide do nyde lag
Sy schlug mich umme nach undrost
470 Der hat ich altzu mal gelast [23])
Sy bant mich mit beiden armen
Und lys sich nicht erbarmen
Was ich smertzen von ir leit
Alle güte was ir unbereit
475 Sy forte mich heim in ir gemach

---

21) noten, noeten, antreiben, zwingen, auferlegen.
22) upecklich, thörigt, unbedeutend leer (an guten Eigenschaften.)
23) gelassen, vertrauen.

313

Das mir wirsers [24]) ny geschach
Is was enge und gar gedrange
Das ich in alsolichem getwange
Bi minen dagen ny gesas
480 Aller freiden ich do vergas
Sy lacht mir an ein klammer
Und schlog mit dem hammer
Do sy manchen hatte mit gesmit
Sy sprach is blibet noch ungefrit [25])
485 Ich dich noch nicht lasze
Einen guden dag und hundert büsze
Wil ich dich lernen haben
So volgestu wol den knaben
Dy do mössen liden
490 Und lyp dorch leit vormiden
Ich schrei klegelichen ach
Wyder dy frauwe ich do sprach
Sich lybe frauwe wy ich nu qwele
Sagent mir wo finde gele
495 Sie sprach lidestu darnach not
Nu sint din frunde tzu mal dot
Dy is ny erworben han
Du bist werlich ein dörecht man
Fragestu nach gelingen
500 Ich legen dir wol din singen
Das dir ny also we wart
Dich mag wol rüwen dyse fart
Sy smitte mich gar tzorneklich
Do gedacht ich wyder hinder mich
505 Als mich dy frauwe hatte gelart
Ich bleip off miner steden fart

24) wirser, schlimmer.
25) ungefrit, unbefreyet.

314

Ich nam an mich die stedikeit

/ Do wart geschwechet vil min leit

Ich gedacht an lybes bilde

510 Das ich usz der wilde

Mit mir bracht an dyse stat

Do wart min liden als ein bat 26)

Sy sprach sal ich dich frien

So möstu dich vertzien

515 Der der du dich tzu eigen hast gegeben

Ich sprach was sal mir dan min leben

So halden ich dich bis du wirst gra

Dennoch so ist mir das hertze bla

Ich do dir an ein swartzes kleit gewant

520 Doch ist drüwe mir bekant

Wy machst du sy lyp gehan

Frauwen erfreuwen manchen man

Nu foge sy dir fil sentlicher klage

So gibet sy mir fil gutter dage

525 Nu geschyt dir von ir nommer gut

Doch wont sy stete in minem mut

Sy dücket mich ein tzörnig wyp

Sy ist min lyp und min leit verdrip

Auch gefelt sy mir nicht an dem dantz

530 Sy ist der dogent ein blogender krantz

Sy ist mit irer rede gar balt

Sy ist in minem hertzen also wol gestalt

Nu gefelt mir ir geberde nicht

Sy ist min drost min zuversycht

535 Nu wirstu uff zwifel biten

Doch wil ich ir des besten gedrüwen

Din dinst ist tzu mal verlorn

---

26) bat, Vortheil, Nutzen.

315

Doch han ich sy tzu lybe erkorn
Sage mir heistu unferworren
540 Ja frauwe ich mös in lybe dorren
Kan sy dir dan nymand geleiden
Nicht dan der dot der mag ons scheiden
So möstu slichen als ein dyp
Dannoch ist sy mir von hertzen lyp
545 Wiltu dann sy nicht vorkiesen
E wolt ich den lip verlysen
Nu saltu diner drüwe genüszen
Ich wil dir alle din bande entslyszen
Und wil dir sagen rechte wort
550 Was ich von frauwen ye gehort
Sagen oder singen
Vollenkommen an allen dingen
So han bessers vorbas ny geschen
Des helffe ich dir der wahrheit iehen
555 Du endarfft vor mir nicht haben var ²⁷)
Aber ich sagen dir wy nu sint dy iar
Was einer hat hüde veste
Kommen morgen ander geste
Her vorlust gerne was er hat
560 Do hut dich vor das ist min rat
Ich sprach frauwe das achte ich kleine
Mine drüwe folget ir alleine
Ich wil nymandes sin wan ir
Frauwe das sollent ir glauben mir
565 Got gebe dir selber dinen segen
Und dusent engel dy diner pflegen
Ich wil doch off glücke harren
Und bliben stedeklich unferworren

_____

27) var, Furcht.

316

    Mit gantzer stete wo ich bin
570 Sy hat min hertz mit ir hin

LXIV.

1   Ich byten uch herren alle gar
     Das ir myner eren nement war
     Und das min lant in fryden sy
     Das ich von laster leben fry
5   Und radent mir wy das ich
     Möge bewaren min konigrich
     Und wisent recht und eben
     Wie ich solle in eren leben

2   Man solle geben da man geben soll
     Das zymet uch und allen herren wol
     Mite sin und noch staden ¹) geben
     Alle tzyt nach göttlichen eren streben
5   Dem armen herre als dem richen
     Das stette uch wol und herlichen

3   Mit Kraft dinen finden wyder stant
     Und schone herre diner armen lant
     Das sy schaden tragen nit
     So hillffet dir got in alle wise
5   Das du beheltest ere und prise

4   Herre nim was man dir git
     Glob vil und gebe nymant nit

---

¹) staden, stet, stets, beständig
    für mite scheint hier milte gelesen werden zu müssen.

317

Was lit dir daran was ymant klage
Off das man dir das gut her drage
5 In stettigen kryg saltu dich lan
So mögen wir gantz fülle gehan

5 Herre frisz allein was du hast
Und rüch nit wer dir vekeret das
Wo es dir herre werden mag
Sprich alles here in mynen krag
5 Alles mir und nymant me
So dinen ich dir vor al e

6 Herre du solte warhafftig sin
Und an dugende keren dy sinne din
So mogestu wol mit eren
Sten vor fürsten und herren
5 Und bisz gein den gutten gut
Den bösen hertzeige strengen mut

7 Stettiger mut solle dir sin bi
So magestu bliben schaden fry
Und bis den gutten heymlich [2])
So blibet in eren din rich
5 Wan mit den gutten wirstu gut
Die sich bösen geselschafft schaden dut

8 Nach götlichen eren soltu stan
Und den geburen iren sitten lan
Und verdilge dine finde

---

2) heymelich, vertraut, zutraulich

318

So machestu fryden in dinem lande
5 Und mein dar in gottes ere
Nit din lop das ist min lere

9   Du solt in dinen reiszen
Nemen wytwen und weysen
Brennen und rauben sere
So föcht man dich das ist min lere
5 Gystu wol darumb din krag
Ich ruffen dester luder gagag

10   Stelen rauben sy din spill
So dienent dir miner gesellen vill
Wann du magest nicht genesen
Du wöllest dan krig und ungetrüwe wesen
5 Lygen und drigen da halte dich tzu
Freszen und suffen als ein ku

11   Es sy off felde oder off strasen
Du solt herre nymant nicht laszen
Wann schlag barmherzikeit tzu rücken
Und lasz uns die höner plücken
5 Das wir in groszen füllen leben
Das rat ich und kömpt uns eben

12   Vor falschem rate hüte dich
Tzu aller tzyt das raten ich
Und wer off gytickeit [3] stellet sinen mut
Des rat enbir das ist dir gut

---

[3] gytigckeit, Gier, Begierde.

5 Wer got nit vor augen hat
   Den flyhe und myde sinen rat

13 Von gottes gnaden du din krone dreist
   Alle tzyt soltu ym dancken des
   Und halte wirdeklichen dine festen
   Man brüffet den wirt by den gesten
5 Und halt dich tzu gerechtikeit
   Des wirt dir lobe und ere geseit

14 Ernst und schimpfftz soltu han
   Tzu rechter tzüt unmasze lan
   Und demütikeit dy habe da mit
   Hoffart der soltu volgen nicht
5 Wann sy machet mangen man
   Das er sich nit selbs erkennen kan

15 Groszes guttes bedarffstu herre
   Dar nach stant das ist min lere
   Und sammen tzuhauff dy pfenning nuwe
   Wie sie dir werdent da ratent tzu
5 Mit wucher oder mit falsheit hoe
   So werdent ich und min gesellen fro

16 Schelten tzorn und ander undat
   Des soltu pflegen das ist min rat
   Wer melden und klaffen kan
   Der ist tzu hofe ein werder man
5 Und unfrieden machen und sweren
   Der moge sich tzu dirre tzüt wol erneren

320

17   Herre nit las es dir werden leit
Ob du brichest eiñ swerren eit
Wan es ist auch wol me gescheen
Das wil ich dir helffen iehen
5 Nicht acht off dastu habest gnück
Ob dich der düfel spanne in sinen pfflück

18   Richt recht armen und richen
So lebestu herre koniglichen
Und falsche kleffer soltu schüwen
Wan sy sint von böszen trüwen
5 Und halt herre war din wort
Das bringet dir ere und selden hort

19   In allen dinen reisen
Schirme wytwen und weisen
Und schüwe falsch miede und böszes gut
Wan sy verkeren recht und wisen mut
5 Sy machent ein wisen tzu einem dore
Also der do phiffet usz dem rore

20   Zu vil swigen ist nicht gut
Ubermeszick klaffen schaden dut
Wan wer vil klaffet der musz vil lygen
Darumb soltu dy kleffer flyhen
5 Folge des wisen rat und lere
Föchte got und myde weltliche ere

21   Herre du solt nit tzu dische gan
Du habest dan nun döte vorhin gethan

                                      Und

321

Und nymand achtet vill off dich
Bistu nicht bösz so qwat als ich [4])
5 Darumb volge des rates myn
Und kere off boszheit dy sinne din

22 Du solt unküsche leben
Unküsche sin das kömet dir eben
Es ist alle dy freide min
Dar off flisze die sinne din
5 Das sy keiner lost gedencken
Und solt es dich wol an eren krenken

23 Bis unrein tzu aller frist
Du als ich und schisz in din eigen nest
Dribe schande und boszheit vill
Off setze ist nu der herren spill
5 Fulheit undogent dir wol an statt
Dem volge nach das ist min rat

24 Den armen deil mit dy spise din
So wird dir gottes holde schin
Und mynne barmhertzikeit
So wirt din lop eren breit
5 Und danck got siner gnaden vil
Er gyt und nymmet wem er will

25 Min herre hat zweier hande rat
Lat sehen an welchem er bestat

4) qwat, ruchlos, böse.

Frankf. Archiv III. Th.   X

322

Und dut er nach dem bösen stat
So wird mit den bösen qwat
5 Wann herren werren dycke gut
Dete falscher rat und böszer übermut

26 Sollte also alle herren als ich
Sy werret getruwe sycherlich
Und wördent aller schanden fry
Und stünde einer dem andern by
5 Und folgeten böszen noch qwat
Und hilten an sich den alten rat
Und sehent götlich wiseit an
Und drügent sie gar der eren fan

27 Herr du solt dich von den luten tzyhen
Und alle tzüt dy herren flyhen
Es sy tag oder nacht so volge mir
So du wilt drincken oder eszen
5 So mogen gut gewinnen wir
So soltu diner frunde vergessen

28 Herre wiltu in eren leben
So lasze din hertz in hoffart sweben
Drüg und lüg und sage nit war
So volget dir nach ein grosze schar
5 Und drüp fast dinen ungefug
So wirt dir boszes guttes gnug

29 Ich wolt wol by minen eren
Das dy herren bescheiden werren
Wan sy ratent als sy sint
Das sin sy alle an eren blint

323

5 Wann wes sinne off rauben stat
Der solte nicht gan in fürsten rat
Wie solte er geben gutten rat
Den er doch selber keinen hat

30 Horent ir herren min gesang
Wy milte und süsze er do dranck
Und dorch die wolcken düset [5]
Und in dem hage schüszet
5 Den han ich lange gelernet gnuck
Und kan nit me dan guckgug
Gesingen dem armen als dem richen
Von miner wise ich nicht wichen
Als man in manches herren rat dut
10 Darumb myde snödes gut
Sich selber und das recht verkert
Der recht swiget und unrecht lert
Darumb ich sprechen off minen eit
Das man umb leit
15 Nit von dem rechten soll entwichen
Wann wo dy sache frunde hat
Das rechte do serre irre gat
Darumb soll min herre dy böszen flyhen
Und dy gutten tzu sinem rate tzyhen
20 Und volgent den wisen dögentlich
So stette mit eren uwer königrich

---

[5] düsen, tönen, schallen.

X 2

54

II.

Gedichte

auf Kurfürst Friedrichs des Siegreichen von
der Pfalz, Fehde mit Baden und Würtenberg
im Jahr 1462.

Vor allen Fürsten Deutschlands bezeichnen, in der Mitte
des XV^{ten} Jahrhunderts, kriegerische und Herrschertalente,
Friedrich I. Kurfürsten von der Pfalz, und eignen ihm
den verdienten Beinamen des Siegreichen zu.

Diether von Isenburg, und Adolph von Nas=
sau, stritten um den Besitz der höchsten geistlichen Würde
Deutschlands; Friedrich hatte sich zum Beschützer des
erstern erklärt, der römischen Kurie und dem Kaiserthrone
den Kampf bietend. Die mächtigsten Nachbarn der Pfalz
ergriffen willig den Vorwand des Reichsaufgebots, und
fielen verwüstend in Friedrichs Lande ein, um den
Gefürchteten zu demüthigen.

Endete auch der Streit nicht zum Vortheil Diethers,
so bahnte doch der Sieg des Kurfürsten bei Seckenheim
der seine eifrigsten Gegner Markgraf Carl von Baden,
Jörg Bischof von Metz dessen Bruder, und den Grafen
Ulrich von Würtenberg als Gefangene in seine Hände
lieferte, den Weg zu einem für die Pfalz eben so vor=
theilhaften als ehrenvollen Frieden.

Diese, für jene Zeiten so wichtige Ereignisse gaben
Stoff zu Liedern, die der Sitte der Zeit gemäß von dem
festlichen Mahl des Fürsten sich bis zu der Hütte des Land=
manns verbreiteten.

Die drei folgenden Gedichte sind aus einem Codice chartaceo in 4. genommen, der sich in der Sammlung des Herausgebers dieser Blätter befindet, und zu einem der künftigen Bände des Frankfurtischen Archivs, schätzbare Beiträge liefern wird. Sie schließen die Reihe von Gedichten, die dieser Codex enthält, und folgen hier in derselben Ordnung wie dort. Die zwei ersteren sind dem Siege bei Seckenheim geweiht, das letztere sollte, der chronologischen Ordnung nach, das erste seyn, da es vor jener Schlacht geschrieben scheint. Die Züge der Handschrift sind der Epoche, von welcher hier die Rede ist, gleichzeitig.

Der Verfasser der beiden letztern Lieder nennt sich selbst Gilgenschein, (Lilienschein nach unserer neuern Sprache) ohne Zweifel kein Geschlechts=, sondern ein angenommener Beiname, den Laune und Zufall, dem Beispiel mancher andern Sänger der deutschen Vorzeit folgend, ertheilte.

In dem vollständigsten Verzeichniß der Dichter des Mittelalters, das wir bis jetzt besitzen: s. Museum für altdeutsche Literatur und Kunst 1809, ersten Bandes erstes Heft, fehlt Gilgenscheins Name. Wahrscheinlich lebte er zu Heidelberg an dem Hofe des siegreichen Pfalzgrafen, dessen Parthei er mit Wärme in seinen Liedern ergriff, wie dies aus der Zusammenstellung mit den übrigen Gedichten des erwähnten Codicis erhellet.

56

I.

I   Wolt ir hören ein nuwes geschicht
Zum pfalzgraven hat sich myn hertz verpflicht
Nu merckent eben wie ich sage
Ein grofz niderlag geschehen ist
5 Uff mitwoch vor unser lieben frauwen tage

II   Der da gelegen ist vornen an der ern ¹
MCCCC und LXII uch das bewern
Da sint dry fursten komen in das lant
Margraff Karle und Margraff Jörge
5 Graff von Wirtenberg sint uch hie benant

III   Margraff Karle hett ein bofzes vornemen
Wyn und frucht umb heidelberg wolt er slemmen
Das übel mocht ym Got nit übersehen
Gein Heidelberg er in gefürt wart
5 Über sin backen lieffen ime ab die trehen

IV   Das necker tal wolten sie gar han gebrant
Mit namen sie uch vor sint genant
Der pfaltzgraff wolt das von ine nit lyden
Er folgt ine nach mit sime gezuge
5 By seckenhem im felt must er sie bestriden

---

1 Die Schlacht bei Seckenheim fiel den 30ſten Juni, alſo zwei
Tage vor dem Feſt der Heimſuchung Mariä vor. S. (Kre=
mers) Geſchichte Kurfürſt Friedrichs I. von der Pfalz
S. 295. Um dieſen U. L. Frauentag von den andern im
Jaͤr unterſcheidend zu bezeichnen, wird er hier — der da
gelegen iſt vornen an der ern — der vor der Erndte ein=
zufallen pflegt, genennt.

V   Herr Diether von Isenburg was da by
        Da die Hern worden gefangen alle dry
        Lob sollen wir unserm herren allezyt sagen
        Zwey graven und ein baner in dem felt bliben [2]
    5 Zu hauff LX wurden der fiend erschlagen

VI   Herr Diether von Isenburg bischoff zu Meintz
        In der dryer hern lant ist grofz geweintz
        Von kindern frauwen und auch von mannen
        Das recht sie auch dicke abgeschlagen haben
    5 Das kömpt ine ytz zu grofsem Schaden

VII   Der pfaltzgraff hat das dick mit uch begert
        Zum rechten zu kommen ward er nie gewert
        Sie understunden ine gantz zu vertriben
        Das er alles recht gebotten hat
    5 Darumb wolt der pfaltzgraff by uch bliben

VIII   Dem pfaltzgraven han sie dick smacheit erbotten
        Mit dem lewen sie sin auch wolten spotten
        Sie sagten er slieff und künd nit me kratzen
        Und wo die buer by dem win safzen
    5 Sie küntten nit anders dan von dem lewen swatzen

IX   Sie sagten der lewe wer entslaffen
        Darinn der maler sere ist zu straffen

---

2 Die beiden gefangenen Grafen waren Ulrich, Graf von
    Helfenstein, und Georg, Raugraf von alten und
    neuen Baumberg. Der Bannerherr Georg, Freiherr
    von Brandifz. Kremer a. a. O. S. 302.

58

Der clawen hat er an ime vergessen
Als er ine zu Turlach gemalet hat³
5 Nach liedmaſz hat er ine nit uſz gemessen

X Der Jeger hat den lewen auch uff geweckt
Der lewe hat den margraffen und sin bruder ersreckt
Er hat so grymmeclichen geschruwen
Das sie alle in den Krieg gekommen sint
5 Das hat sie und Ritterschaft sere beruwen

XI Der lewe hat sin hals uſz gestreckt
Und hat sin gutten frund uff geweckt
Der ritterschaft hat er sin nott geclagt
By dem lewen der pfaltzgrave betütet ist
5 In dem feld sach man ine nie verzagt

XII Dem lewen dratten sie uff den swantz
Mit den fienden het er ein wilden dantz
Ir springen wert nit gar langen
Nach dem ich verstanden han
5 Uber fierhundert sint ir worden gefangen

XIII Dem lewen sint sin claen wohl geslieffen
Durch küreſz und harnesch hat er gegrieffen

Das sie ine sint worden von blutte rott
Welcher da by dem leben bliben ist
5 Spricht wol er kem nie in grölzer not

XIV Mit dryhundert pferden sint ettlich abgestrichen
Von iren hern sint sie in nötten gewichen
Etlich rutterbueben sie auch haben erschlagen
Da sie die flucht also genommen haben
5 Nu merckent was eren mochten sie da bejagen

XV Uff beide syten stritten die herren ritterlich
Das mag ich uch vor war sagen sicherlich
Als ritter und knecht das wol erkennen
Welche aber also von ine geflohen sint
5 Der kan ich uch aller nit genennen

XVI Ettlich waren auch so sere ersrocken
Die swert die clungen als die glocken
Die da also von ine abe waren gewichen
Wo man sie in dem felde fant
5 Ir antzlitz waren gar verblichen

XVII Der lewe gewan uff den selben tag den prysz
All sin ritterschaft det mit im gantzen flilz
Das felt haben sie mit eren behalten
Der heilig sanct Peter ir geleytzman was
5 Der ritter sanct Jörg des stryts solt walten

XVIII Ich han von den gefangen ettliche vernommen
Da sie mit iren herren in das lant sint kommen
Was über sieben iar wer solten sie erstechen
Der pfaltzgrave sich daran nit hat gekert
5 Er wolt nit args mit argem rechen

60

XIX   O lewe du büszest wol allen din gelangen
Den Jeger hastu vor der thür gefangen [4]
Von Stuckartten ist er heraber geritten
Zwen Margraven hat er mit ihm bracht
5   In eym wyten felt hastu ir gebietten

XX   Margraffe Karle fürst und herr zu Baden
Den bischoff von Metz hastu in das felt geladen
Mit dem von Wirttenberg wolt er beyszen
Dem lewen ir in sym land rytent
5   Zu zorn und grymmekeit wolt ir ine reyszen

XXI   Margrave Jörg herr und bischoff zu Metz
Zu heidelberg hett ir gern gehört die letz [5]
Der meyster ist uch zu rechter zyt kommen
Wert ir daheim in uwerm bistum bliben
5   Eym geistlichen herren het das wol gezommen

XXII   Des pfaltzgraven diener kunden das wol bewern
Wie man eym bischoff die blatten sol scheren
Und het die Ritterschaft so sere nit gewert
Vor den buern wert ihr nit leben bliben [6]

---

4 Graf Ulrich von Würtenberg war ein großer Liebhaber
der Jagd. S. Sattlers Gesch. des Herzogth. Würtenberg
unter der Regierung der Grafen IV 178. Dahin zielen
alle in diesen Liedern vorkommende Anspielungen.

5 Letze Vorlesung (lectio), Letzemeister (Lectionarius)
der Geistliche, dem während der Tafel die Vorlesung geist-
licher Gegenstände aufgetragen war; eine Sitte die noch
zu der Klosterdisciplin neuerer Zeiten gehörte.

6 Hier fehlt der Schlußreim in der Handschrift.

XXIII O lewe lafz yedermann sagen was er wil
        Die pffaltz gewann by irn tagen nie besser fedderspil
        Mit dinem weidewerk hastu sie betrogen
        Ritter und Knecht der hastu vil
    5 Mit den hastu sie listiglichen umbzogen

XXIV Die garn hetten so wyt uszgeppreyt
        Mit nufzbaumen laub wert du wohl gekleit [7]
        Die buern kuntten das eben gemercken
        Eylff hundert pfert du in dem feld hett
    5 Mit Sechsztusent bueren mocht du dich wol stercken

XXV Der lewe hat sich lang zyt sere gewert
        Byfz ime Gott nu dry falken hat beschert
        Die langen feddern sol er ine ufz zopffen
        Das sie ime in kein Schlofz kunden gefliegen
    5 Neben sym land lafz er sie hin lupffen

XXVI O lewe lafz sie den fessel swingen
        Das die schellen in dutschen landen erclingen
        Das man alweg davon könde gesagen
        Ein gebüntnisse sie über dich gemacht hetten
    5 Von dem Rin wolten sie dich verjagen

XXVII Redelich Schellen heft ine an
        Nym gutz genung, und heyss sie werden man
        Das sie dich mit der absolucien nit betrigen
        Bürgen siegel und brieff heifz dir geben
    5 Ee du die falken widder leszest fliegen

---

7 Vor der Schlacht bei Seckenheim hatte das pfalzgräfliche
   Heer sich statt der Feldzeichen mit Nußbaumlaub umkränzt.
   Kremer a. a. O. S. 299.

62

XXVIII   O ir heupptstet alle uff dem Rin
Den lewen laſzt uch bevolhen sin
Den selben solt ir allweg weiden
Wan ir gein franckfurt in die meſz wölt
5   So kan er uch geben das recht geleide

XXIX   Der diſz geticht hat gemacht
Zwar er hat es gar wol betracht
Nach dem es ist gescheen
Got gebe im hie auch langen frist
5   Der warheit must er veriehen

II.

I   Wo untrüwe worde bezwongen
Freut sich das hertze myn
Dem Fürsten ist gelungen
Friederich pfaltzgraff by dem Rin
5   Hertzog in Beyerland
Es ist ime wol ergangen
Freud ist ime wol bekant

II   Er fürt in hoher ziere
Ein schilt von farwen rich
Dar inn von golt ein tier
Eym lewen ist es glich
5   Er ist gewapent schon
Uff sinem helm von golt
Fürt er ein riche kron

63

III   Grofz recht wart ime verslagen
Des er vil gebotten hat
An yme so wolt verzagen
Bapst Keyser und manger Rat
5 Der fürst leits mit gedult
Nu stet es zu sinem rechten
Er richt wol alte schult

IV   Von Wirttenberge der ein
Der hat ime abgeseyt
Und Margraff Karle ich meyn
Hett sich dar zu bereit
5 Sie haben gantz versmecht
Sie wolten den fürsten vertriben
Mit gewalt on alles recht

V   Sie hetten sich verpflicht
Ein samenung in das felt gericht
Ir unglück fing sich an [8]
Als ich uch sagen wil
5 Der bapst hat sie betrogen wol
In dem selben spil

VI   Bischoff Jörg von Metz
Was mit ym in dem feld
Sin freud begund letzen
Er mag sin wol entgelten
5 Wer er daheym verliben
Und het ein mefz gelesen
Als ander pfaffen driben

---

8 Durch einen Fehler des Abschreibers ist in dem Codex hier
eine Zeile ausgelassen.

64

VII   Sie haben wol besonnen
Die herren alle dry
Heidelberg han sie gewonnen
Mit ine manig graff und fry
5 Dar zu vil ritter und knecht
Des freu dich pfaltzgraff hochgeborn
Und alles din geslecht

VIII   Und lafz dich nit betrügen
Die fogel halt in hutt
Das sie dir nit empfliegen
Din weidwerck das wirt gutt
5 Kanstu die fogel ropffen
So halt sie by dem fessel
Lafz sie nit von dir hopffen

IX   Der lewe hat erslichen
Den ieger vor der thür
Sin freud was im entwichen
Da ine der lewe det füren
5 Da der lew hat wone
Der ieger ist erschrocken
Mit im sin dienst mane

X   Margraff Karle von Baden
Man gab dir kluge lere
Wie du würdst überladen
Du woltest dich daran nit kern
5 Nu bist es worden inne
Kömpt dir zu grofzem schaden
Und dime hoffgesind

Bischoff

XI Bischoff von Spir sich darzu [9]
    Wo dich der lew möcht zucken
    Er liefz dir weder rast noch rug
    Wol umb die falschen dücken
  5 Die du im hast gethon
    Kemstu zu sinen reyen
    Dem spilman müstu lan

XII Bischoff von Metz geschrieben
     Der nam möcht dir bestan
     Werstu da heym verliben
     Und drügst ein korock an
   5 Das dir vil besser were
     Wann du wilt zu Heidelberg
     Die blatten lafzen scheren

XIII O edeler fürst gerecht
      Pfaltzgraff merck min gedicht
      Bedenck din ritter und knecht
      Die von dir wichen nit
    5 Das wölst gein ine erkennen
      Die dir in nötten bystan
      Das lietgen hat ein ende

XIV Gilgenschein ist ers genent
     Der uns das liedlin dicht
     Sin nam ist wol erkennt
     Grofz gut beswert ine nicht

---

9 Den 13. April 1462 trat der Bischof von Speier zu dem wider
   Kurfürst Friedrich errichteten Bündniß. S. Kremer
   a. a. D. S. 288.
Frankf. Archiv II. Th.   E

66

5 Also nent er sich
  Sin seckel ist im pfennig ler
  Das ist sin alter sytt

III.

I   Wölt ir hören ein nuwes geticht
  Was die thumherren hant entricht
  Zu Mentz wol uff dem stiefft
  Sie haben zwen bischoff usz erwelt
5 Das ine zu schaden trifft

II   Der von Isenburg ist der erst genant
  Geweltiger herr in Mentzer lant
  Zu gewalt und auch zu eren
  Die thumherren haben im gesworn
5 Vor iren rechten herren

III   Den eid den sie gesworen hant
  Dem haben sie nit recht gethan
  Sie han an ime gebrochen
  Daruber verlürt vil maniger gutt
5 Und wirt zu tod erstochen

IV   Der thumherren übermut ist grofz
  Sie wolten iren eigen herren verstofzen
  Mit allen sinen knechten
  Des ist der pfaltzgraffe wurden inn
5 Er hilfft ime zu dem rechten

V   Den von Nassau haben sie ufzerwelt
  Der Margraff hat sich zu ime geselt

Mit allen sinen krefften
Von Wirttenberg der alt genant
5 Wil ime sin hilff beheften

VI   Bischoff von Spir gib rat darzu
Der pfaltzgraff lest dir weder rofz noch ku
Er brennet dir die dörffer alle
Und hauwet dir ab din grunen walt
5 Das mag dir wol missefallen

VII   Der bapst hat auch schult daran
Er wil dem unrechten bygestan
Das dut mir selber ande [10]
Darumb kein strafz mocht werden fry
5 Uff wasser noch uff lande

VIII   Wer dem rechten wil bygestan
Der bapst der dut ine in den ban
Von der warheit wil er wichen
Er hat es wol bewifzt
5 An den fürsten von Osterriche

IX   Der bapst, der keyszer haben einen sin
Sie sehen durch die finger hin
Sie wolten das recht verkeren
Darumb cristen glaub under gat
5 Untrüw wil sich meren

X   Nu lafz ichs bliben mag es gesin
Nu were dich pfaltzgraff uff dem rin

---

10 Ande Sorge, Angſt. Scherz Gloſſar.

E 2

68

> Und lafz dich nit verdringen
> Und fure mit dir gerechtickeit
> 5 Dir mag nit misselingen

XI
> Schick den lewen in das felt
> Richt uff din banner und gezelt
> Vor witwen und vor weissen
> Du hast vil mangen diener fry
> 5 Die wollen dir helffen reisen

XII
> Hertzog Ott halt dich in hut [11]
> Und folg nach des lewen mut
> Und hilff im frislich enden
> Und wo der lew den ieger fieng
> 5 Sin iagen begund sich wenden

XIII
> Der von Wirttenberg fürt das horn
> Ich hoff sin iagen sy gantz verlorn
> Er hat sich hart verbunden
> Mit Margraff Karle von Baden genant
> 5 Sie habens in loyca funden [12]

XIV
> Loyca kan der fund gar vil
> Und wer der untruw pflegen wil
> Dem kömpt sie wol zu sture
> Ich sprich falsch loyca sy nit gutt
> 5 An eren ist sie ture

---

11 Herzog Otto von Bayern.
12 Loyken Lügen, Scherz Glossar.

69

XV   Der von Brandenburg was an dem ratt
           Und hertzog Ludwig zu im dratt [13]
           Den bischoff von Trir ich nit nennen
           Der von Metz was an der schar
      5 Den mögent ir all wol kennen

XVI   Der Margraff hat sich selbs gepfant
           Der hat vergeben sin eigen lant
           Er wand er wolt sich sterken
           Er treyt dem lewen heimlich hafz
      5 Die loyca mag man merken

XVII   Ach edeler fürst und herr nu richt
           Wan der von Wirttenberg helt dir nicht
           Was zwüschen uch wirt gesprochen
           Es sy zu fried oder auch zu süne
      5 Er hat gar dick gebrochen

XVIII Der uns das liedlin nüwe sang
           Der hat vil mangen heimlichen gedanck
           Er nent sich Gilgenschin
           Und der dem fürsten vil guttes gan
      5 Dem pfaltzgraffen by dem Rine

---

13 Herzog Ludwig der Schwarze von Veldenz war, obgleich von demselben Stamm und Friedrichs naher Verwandter, doch sein erklärtester Feind bis an das Ende des Lebens. S. über den Grund dieser Feindschaft Kremer a. a. O. S. 21 und folgende.

KOMMENTAR

KOMMENTAR ZU DEN TEXTEN IN FICHARDS LIEDERBUCH

Im Jahr 1815 hat JOHANN CARL VON FICHARD (1773–1829) eine Handschrift mit Liedern und einigen Reimpaarreden, die sich in seinem Besitz befand, weitgehend abgedruckt.[1] Dieses Liederbuch ist 1944 im Frankfurter Stadtarchiv verbrannt,[2] so dass jetzt der Abdruck für das Original stehen muss. Im Folgenden möchte ich die Texte der Handschrift, überwiegend Lieder, knapp kommentieren. Nur die Lieder Suchensinns übergehe ich.

FICHARD hat die Texte mit römischen Ziffern gezählt. Im Falle von Blattverlusten hat er jedoch das nach dem Verlorenen stehende Ende eines Textes nicht eigens gezählt, aber immerhin abgedruckt. Die Bestimmung eines Textendes ist zwar in der Regel nicht möglich, doch nenne ich diese Stücke mit a-Nummern, damit der Textbestand, soweit möglich, insgesamt vor Augen geführt wird. Drei Lieder mit historischen Bezügen, die in der Handschrift von "neuerer Hand" nachgetragen waren, hatte FICHARD schon 1812 publiziert.[3] "Sie schließen die Reihe von Gedichten, die dieser Codex enthält." Darum füge ich sie als Nr. LXV bis LXVII am Ende an. Da der Abdruck manchmal auch mit Seitenzahl zitiert wird, füge ich außerdem die Seitenzahl des Lied- oder Gedichtanfangs dazu. Innerhalb der Texte hat FICHARD weder Strophen noch Zeilen gezählt. Zur leichteren Orientierung zähle ich die Strophen mit römischen und die Zeilen innerhalb der Strophen mit arabischen Ziffern; Reimpaargedichte (III, XLII, LXIII, LXIV, vielleicht auch XXXVII und XLI) zähle ich in der Regel durch, bei Prosa (nur VI) zähle ich die Zeilen des Abdrucks.

Die Formbeschreibungen folgen dem üblichen Muster: Zahl der Hebungen und Reimbuchstabe; K steht für Kornreim, einen Reim der alle Strophen verbindet, Fettdruck für Refrain. Kleinere Unregelmäßigkeiten der Silbenzahl, die ich der Aufzeichnung zurechne, vernachlässige ich. Wenn die Zahl der Hebungen systematisch zu schwanken scheint (meist zwischen 3b- und 4b) schreibe ich 3-/4b. FICHARDs Liederbuch hat keine Melodien enthalten, dennoch versuche ich, wahrscheinliche Melodiestücke durch | von einander abzugrenzen, um die Form durchsichtig zu machen. Auffällig ist eine Gruppe von Rondeaux (XXV–XXVIII,

---

1   Altdeutsche Lieder und Gedichte aus der ersten Hälfte des XVten Jahrhunderts, in: Frank-
    furtisches Archiv für ältere Litteratur und Geschichte, hg. von JOHANN CARL VON FICHARD,
    genannt BAUR VON EYSENECK, III, Frankfurt a. M. 1815, S. 196–323. Einzelne Stücke, die
    "niedrige geistlose Scherze" enthielten, hat FICHARD nur mit den Anfangsreimen zitiert.
2   HELMUT LOMNITZER, 'Fichards Liederbuch' in: ²VL 2 (1980), Sp. 734–736; MÜCK, Bd. 1, S.
    178–210; seither SITTIG, SCHULZ-GROBERT, MÄRZ (Mönch, S. 81–83), KORNRUMPF,
    KLINGNER/LIEB, Bd. 2, S. 49f.
3   Gedichte auf Kurfürst Friedrichs des Siegreichen von der Pfalz Fehde mit Baden und Würten-
    berg im Jahr 1462, in: Frankfurtisches Archiv für ältere Litteratur und Geschichte, hg. von JO-
    HANN CARL VON FICHARD, genannt BAUR VON EYSENECK, II, Frankfurt a. M. 1812, S. 54–69.

XXXII–XXXIV), mehrfach findet sich auch die Form der Virelai-Ballade,[4] eine dreistrophige Form, in der der Refrain dieselbe Gestalt hat, wie der Abgesang (IX–XI, XXX, vielleicht auch XXIX).

FICHARD hat die Texte ohne Interpunktion abgedruckt. In der Regel macht die syntaktische Gliederung keine Schwierigkeiten. In den wenigen Fällen von Unsicherheit kommentiere ich.

Zur Graphie des Liederbuchs sei nur Weniges angemerkt: Mehrfach steht *ie*, wo man nach dem Normalmittelhochdeutschen einfaches *i* erwartet, mehrfach *u*, wo man *uo* oder *üe* erwartet; das spricht für ein fortgeschrittenes Stadium der mitteldeutschen Monophthongierung. Gelegentlich steht *s* für *sch*, *p* für *pf*, *ai* für *ā* oder *oi* für *ō*. Mehrfach fehlt ein *r*, ob durch Schuld des Schreibers oder FICHARDS, ist unsicher. Manchmal fehlt bei Verbformen das abschließende *t*, wie *satz* für *satzt* II,8,2. Vor allem die Schreibungen *ai* und *oi* für *ā* und *ō* könnten darauf deuten, dass der Schreiber aus einem nördlich von Heidelberg gelegenen Gebiet stammte.[5] Daran, dass die Handschrift, wie schon FICHARD vermutete, in Heidelberg entstanden ist, vielleicht sogar im weiteren Umkreis des pfälzischen Hofes (vgl. III, IV, LXV–LXVII), braucht man dennoch nicht zu zweifeln. An den Reimen ist öfter erkennbar, dass viele Texte aus einem Raum stammen, in dem mhd. *-e* : *-en* als reine Reime gelten.[6]

Das Interesse des Sammlers ist selbstverständlich von vielen Faktoren wie Verfügbarkeit und Bildung abhängig. Dass der Sammler Latein verstand, zeigen lateinische und gemischtsprachige Texte; verglichen mit anderen Liederbüchern ist der Anteil recht hoch. Im Vergleich mit ähnlichen Sammlungen dominiert auch hier das 'feine' Liebeslied; doch kommen auch derb erotische Lieder vor. Auffällig ist vielleicht ein Interesse an historisch-politischen Liedern und Sprüchen (III, IV, L, LV, LVI, LXV–LXVII, vielleicht auch VI) und an Farbensymbolik (XXXV, XLIV, LIX, LXIII)[7]. Geistliches fehlt völlig, kommt nur in Parodien vor; Bibelzitate in den Nachweisen zu den parodistischen Stücken richten sich nach der Vulgata.[8] Auch eine Diskussion oder Zurschaustellung literarischer Meisterschaft findet nicht statt, so verschieden die formalen Ansprüche auch sein mögen.

---

4   MÄRZ (s. Mönch) nennt sie S. 26 Virelais (*ballade double*), Diskussion S. 28–30; FRANK WILLAERT, *Dw welt dw ist an allen orten reinisch*. Über die Verbreitung zweier rheinischer Liedgattungen im Spätmittelalter, in: Literatur und Sprache im rheinisch-maasländischen Raum zwischen 1150 und 1450, hg. von HELMUT TERVOOREN und HARTMUT BECKERS (ZfdPh 108, Sonderheft), Berlin 1989, S. 156–171, nennt sie schlicht Ballade; in einem späteren Aufsatz ('Hovedans': fourteenth-century dancing songs in the Rhine and Meuse area, in: Medieval Dutch Literature in ist European Context, hg. von ERIK KOOPER, Cambridge 1994, S. 168–187, hier S. 172) nennt er sie 'virelai-ballade'; vgl. auch KORNRUMPF, S. 256, Anm. 35.

5   Frühnhd. Gramm., § L 7.3.

6   Vgl. Frühnhd. Gramm., § L 62 (S. 141).

7   Vgl. Uhlands Schriften III; WACKERNAGEL; WALTHER GLOTH, Das Spiel von den sieben Farben, Königsberg 1902 (Teutonia 1), S. 58–88.

8   Biblia sacra iuxta vulgatam versionem recensuit et brevi apparatu instruxit ROBERTUS WEBER OSB, Stuttgart [3]1983.

I (S. 203): Das Lied ist eine Fassung des lateinisch-deutschen Mischtexts 'Abend-vesper'[9], der den Gegensatz von heiliger Sprache und obszönem Inhalt ausnützt. Überliefert ist der Text, stark variierend, außer in FICHARDs Liederbuch (hier A)[10] in folgenden Handschriften: Bamberg, Staatsbibl., HV Msc. 569 (Nr. 1789), Bl. 17rv (Mitte 15. Jahrhundert, hier Fassung B)[11] = früher Kuppitsch Hs. C: 8 Stro-phen, mit vielen Varianten entsprechend I, II, Str. 3[12], III, Str. 4, V, IV, X; der Partner der Nonne heißt *bruder Eberhartt*, am Ende trifft die Nonne ihren *peichti-cher*, der sie beruhigt); Rostock, Universitätsbibl., Mss. philol. 100/2, Bl. 25r–26v (3. Drittel 15. Jahrhundert, hier C: 12 Strophen, die Nonne heißt *swester Jütte*, sie vergnügt sich mit einem *stolten schrüer* und beichtet nachher einem *bichteger*, der sie wohl verführt; er sagt zumindest *et ego sum amabilis*).[13] München, Bayer. Staatsbibl., Cgm 5919, Bl. 310v–311v (Anfang 16. Jahrhundert, hier D: 19 Stro-phen, der Partner der Nonne heißt *pruder eberhart* (Str. II) oder *pruder ott* (Str. VI) und ist ein *stolczer schreiber*, sie begegnet dem *peichtiger*, der sie beruhigt: *Ir verdint das celi gaudium*.[14] Bislang nicht beachtet ist die Fassung E (Hinweis Gi-sela Kornrumpf): Heidelberg, Universtitätsbibl., Cod. Pal. germ. 788, Bl. 54v (16. Jahrhundert, vier Strophen, *Von einem Nonlein*, die ersten beiden Strophen ent-sprechen mit Varianten I und II, die andern zeigen Anklänge an V und VIII). Vom *bruder Conradt* ist also nur in der Fassung FICHARDs die Rede; ob die Texte, die unter 'Bruder Konrad' verzeichnet sind,[15] dabei eine Rolle gespielt haben, muss offen bleiben.

Die Strophenform könnte dieselbe sein wie Nr. XXXV: 5a 5a 3b 5b bei frei-em Kadenzwechsel; so auch in den anderen Textzeugen. Sie ist allerdings mehr-fach gestört.

Die Anführungszeichen in FICHARDs Abdruck sind irritierend, bedeuten jedenfalls keine direkten Reden. Nachweise der lateinischen Zitate nur in Auswahl. – I,1 Ps. 69,1, Beginn des Stundengebets. – II,3 Ps. 94,1, nach der benediktinischen Ord-

---

9   Vgl. KURT ILLING, 'Abendvesper', in: ²VL 1 (1978), Sp. 9, dazu Nachtrag Bd. 11 (2004), Sp. 2; seither HERCHERT, S. 169–171, abgedruckt S. 303f.

10 Die erste Strophe ist zitiert in ¹HOFFMANN, S. 173, das ganze Lied im Anhang von ³HOFFMANN, S. 74f. Aus FICHARD stammt auch der Abdruck in JOHANN GEORG THEODOR GRÄßE, Lehrbuch einer Literärgeschichte der berühmtesten Völker des Mittelalters [...] (Lehrbuch einer allgemeinen Literärgeschichte aller bekannten Völker der Welt [...] II.2.2), Dresden/Leipzig 1842, S. 876f. in der Fußnote; danach wahrscheinlich Poésies populaires la-tines antérieures au douzième siècle, hg. von EDÉLESTAND DU MÉRIL, Nachdruck der Ausga-be Paris 1843 (Bibliotheca musica Bononensis V.2), Bologna 1969.

11 Online verfügbar über *http://www.handschriftencensus.de/werke/730*.

12 Die letzte Zeile entspricht in etwa FICHARD V,4.

13 Rost. Ldb., Nr. 28 (S. 56–58, 248–250).

14 Danach gedruckt in Erzählungen aus altdeutschen Handschriften. Hg. von ADELBERT VON KELLER (BLV 35), Stuttgart 1855, S. 390–392. Die Handschrift ist beschrieben von ELISA-BETH WUNDERLE, Die deutschen Handschriften der Bayerischen Staatsbibliothek München: Die mittelalterlichen Handschriften aus Cgm 2255-7000 einschließlich der althochdeutschen Fragmente Cgm 2248 (Catalogus codicum manu scriptorum Bibliothecae Regiae Monacensis V,9), Wiesbaden 2018, S. 264-296.

15 BURGHART WACHINGER, 'Bruder Konrad', in: ²VL 1 (1978), Sp.1042f.

nung täglich zu Beginn der Nokturn gesungen. – III,1 wird vor jeder Segenserteilung gesagt. – III,2 *flectamus genua* wird vom Diakon gesagt, wenn das Volk zum Beten aufgefordert wird. – III,3 *levate* wird nach dem Gebet vom Subdiakon gesagt. – III,4 *rügen* = mhd. *ruowen* (vgl. *rasten* BD), worauf die Nonne pointiert antwortet 'lasst nicht nach'. – IV,2 Beginn des athanasischen Glaubensbekenntnisses, hier doppeldeutig: 'wer immer es wünscht'. – IV,3 Ps. 129,1, Anfang des Bußpsalms. – V,1f. Ps. 138,2. – V,2 Aus Reimgründen ist zu lesen *zwir*; *cognovisti* hier für den Geschlechtsakt. Zwischen Prim und Terz (s. Str. 4) sind etwa sieben Stunden vergangen. – V,4 Lies *Dilectio tua* (so BDE). – VI,2 *La re fa re ut* sind Notennamen, vgl. C 25ff. – VII,1f. Reim wohl *Domine : none me.* – VII,1 Ps. 118,129. – VII,3 Ps. 118,133. – VIII,1 Ps. 109,1; Mt 22,44. – VIII,2 *metten zu* lies *mitten an?* Die Mette/Matutin kann hier jedenfalls kaum gemeint sein. Der Reim ist gestört; *druck* ist mir unverständlich, vgl. immerhin *du heuest my dicke drucket in dat tenebris* C 28, *gepucket in tenebris* D 15. Als Reimwort lies *drat?* – VIII,3 Ps. 121,1. – VIII,4 Ergänze *wil ich* oder *volo?* – IX,1 Aus dem Offertorium: *recordare, virgo mater, dum steteris in conspectu domini.* – IX,2 Tilge *der.* – IX,3 Ps. 87,3, zitiert im Introitus der Messe. – Strophe X und XI sind wohl zu tauschen; XI ist wohl Rede des erschöpften Bruder Conrat, X Rede der Nonne zu ihrem Beichtvater, eine Antwort fehlt. – X,3 (*Ad deum, qui laetificat*) *iuventutem meam* Ps. 42,4 ist Teil des Stufengebets zu Beginn der Messe. X,4 Lies *eum diligam* 'ihn liebe ich'. – XI,3 Ps. 18,14.

II (S. 205): Lateinisch-deutsch, abschnittweise wechselnd.[16] KORNRUMPF[17] hat eine frühere rein lateinische Überlieferung im Rahmen eines anonymen Kommentars zum 'Carmen [...] de evitatione amoris carnalis' des Adalbert Rankonis de Ericinio nachgewiesen: Prag, Kníhovna Národního musea, Cod. XX B 5, Bl. 374v–375r. Sie vermutet, dass das deutsche Lied primär ist. Schon zuvor hatte JAN VILIKOVSKÝ[18] erkannt, dass jeweils drei Abschnitte der lateinischen Version (ebenso wie der deutschen Fassung bei FICHARD) die Stollen und Abgesänge von drei Kanzonenstrophen bilden. Die Form der deutschen Strophen ist die: 3a- 3a- 3a- 5b | 3c- 3c- 3c- 5b | 3x- 3d 3d 6d, analog wären die lateinischen Strophen in die lateinisch übliche Silbenzählung umzusetzen. Ich zähle zur leichteren Orientierung alle Abschnitte unabhängig von der Sprache arabisch durch, markiere aber außerdem die Anfänge der Strophen mit römischen Ziffern.[19]

16 Zitiert im Anhang von ³HOFFMANN, S. 76–78; danach MASCHEK, S. 207–209.

17 KORNRUMPF, S. 250 Anm. 12. Die Handschrift, heute in Prag, ist bei manuscripta.at digitalisiert und online einsehbar unter ihrer früheren Signatur Admont, cod. 550. Zu Adalbert Rankonis s. FRANZ JOSEF WORSTBROCK, Adalbert Rankonis de Ericinio, in: ²VL 1 (1978), Sp. 35–41.

18 JAN VILIKOVSKÝ, Latinská poesie v středověkých Čechách, in: Bratislava 4 (1930), S. 87–128, hier S. 114ff. Abdruck S. 118f.

19 Nur der lateinische Text mit der Quellenangabe "Aus einer alten, halb geschriebenen, halb gedruckten Sammlung von allerlei ergötzlichen Liedern 1579 bis 1594 zusammen geschrieben; die gedruckten, Nürnberg, 1605" auch in: Curiositäten der physisch-literarisch-artistisch-

1 und 3: Vom Honig der Küsse, den der Icherzähler verzehrt, und von Geschenken ist nur im lateinischen Text die Rede. – 4,3 Ungenauer Reim. – 4,4 Das Dienstversprechen ist ein Specificum der deutschen Fassung. – 5,4 Die frühere Überlieferung hat sinnvoller *contriuimus* 'haben zerrieben'; vgl. auch *zurieben* im deutschen Text 6,4. – 6,1 *bezwungen* legt Nötigung nahe. – 6,2 Tilge *ich* oder *sie*. – 6,3 *Kindelin* ist wohl ein Kosewort. – 7/8 Am Morgen nach der Liebesnacht setzt sich die Frau wieder den Jungfernkranz auf. – 8,2 *satz = satzt*. – 9/10 Die Mutter schilt und spottet (lateinisch) oder schilt (deutsch) wegen des Kranzes. – 9,4 Die frühere Überlieferung hat, genauer auf den ersten Stollen reimend, *annis imprecabatur teneris* 'hielt ihr ihr jugendliches Alter vor'. – 10,1 *satz = satzt*. – 10,2 Lies *Darnach ‹wart› sy des inne*. – 11,1 Die frühere Überlieferung hat sinnvoller *Dicens: quis te ornauit?* 'Sagend: Wer hat dich geschmückt?'. – 11,4 *Cum iam sis suberrata culo femineo* 'da du schon mit dem Hintern eines Weibes in die Irre gegangen bist'. – 12,4 Dass der Icherzähler ein Schreiber ist, sagt nur die deutsche Überschrift und der deutsche Text. – 13,1 Das Mädchen will noch bei der Mutter bleiben. – 15–18 Hier wird deutlich, dass die Frau einen anderen Mann, einen Bauern, mit dem Jungfernkranz betrügen will. – 15,4 Lies *hoc* (so auch die frühere Überlieferung): 'obwohl (besser: weil) wir uns diesen Schmuck gemacht haben'. – 17,1 Lies *machinabor* (im Sinne von 'ihn will ich hereinlegen')? Die frühere Überlieferung hat *in asinabo* oder *masinabo*. – 17,4 Lies *stupratam*, so auch die frühere Überlieferung. – 18,4 *swur* = mhd. *swüer*.

III (S. 208): Reimpaargedicht. Die Verszählung stimmt mit LILIENCRONS[20] Edition überein; ein ausgelassener Vers wird markiert.

Parteiliches Gedicht zum Konstanzer Konzil mit Preis des Verhaltens von Pfalzgraf Ludwig III. des Bärtigen, der König Sigmund unterstützte. Einerseits wird Johannes XXXIII. noch Papst genannt, andererseits ist die Haltung gegen Johannes schon sehr klar. Das könnte dafür sprechen, dass das Gedicht zwischen seiner Flucht am 20./21. März und vor seiner Absetzung und Abdankung am 29. Mai 1415 zu datieren ist. LILIENCRON und BASLER[21] halten das Gedicht für eine

historischen Vor- und Mitwelt zur angenehmen Unterhaltung für gebildete Leser, [hg. von CHRISTIAN AUGUST VULPIUS], 9. Bd., Weimar 1821 [recte 1822], S. 461f. Die Quelle konnte ich nicht nachweisen. Zu VULPIUS vgl. auch Anm. 35.

20 LILIENCRON, Nr. 52.

21 OTTO BASLER, Das Konzil zu Konstanz im Spiegel deutscher Ereignislieder, in: Das Konzil von Konstanz. Beiträge zu seiner Geschichte und Theologie, hg. von AUGUST FRANZEN und WOLFGANG MÜLLER, Freiburg u.a. 1964, S. 429–446, hier S. 442f.; vgl. auch ULRICH MÜLLER, Untersuchungen zur politischen Lyrik des deutschen Mittelalters (GAG 55/56), Göppingen 1974, S. 220 u. Register 'LHL 52'; ALAN ROBERTSHAW, Reimpublizistik und Lieddichtung am Konstanzer Konzil. Zum historisch-politischen Gedicht des Spätmittelalters, in: Lied im deutschen Mittelalter. Überlieferung, Typen, Gebrauch. Chiemsee-Colloquium 1991, hg. von CYRIL EDWARDS, ERNST HELLGARDT und NORBERT H. OTT, Tübingen 1996, S. 245–256, hier S. 249–251; MATHIAS HERWEG, Das Konstanzer Konzil. Ein Ereignisprofil in zeitgenössischer deutscher Dichtung, in: Jahrbuch der Oswald von Wolkenstein-Gesellschaft 21 (2016/2017), S. 427–442, hier S. 430.

Übersetzung der 'Metra' (IV), ich bezweifle, dass sich das Verhältnis feststellen lässt.

3 Eigentümliche Datumsangabe nach dem Alter Jesu. Lies *vierzehenhundert*; oder gibt es den Usus das Tausend wegzulassen? – 6 Nach der Absetzung Wenzels als römischer König im Jahr 1400 folgte ihm Ruprecht von der Pfalz; Wenzel behielt die böhmische Krone. – 10 *dar*, d.h. zum Konstanzer Konzil; *ambasiat* 'Gesandtschaft, meist in offizieller Mission'.[22] "Mit seiner 'ambasiade' sind hier wohl Johann und Heinrich von Chlum und Wenzel von Duba gemeint, deren Schutz der König [Wenzel] den Huß übergeben hatte" (L.). – 12 Sigmund, als Nachfolger Ruprechts seit 1411 unbestrittener König, war im November 1414 in Aachen zum König gekrönt worden. – 15 *bewert* zu [2]*bewern* 'jmdn. in Gewalt und Besitzrecht einsetzen'.[23] – 16 Lies *ubet ‹er›* (L.). – 17f. Reim gestört. Lies mhd. *krîzet* ('brüllt') : *des flîzet*? Der Löwe steht für das Luxemburger Wappen Sigmunds, der Adler für das Reichswappen. – 29–36 "Der Papst hatte auf der Reise durch Tyrol Herzog Friedrich [von Tirol] mit einem Gehalt von 6000 Gulden zum Generalcapitän der päpstlichen Truppen ernannt" (L.). – 34 Davor oder danach ist ein Vers ausgefallen, daher nicht ganz verständlich. – 37f. Bernhard I. Markgraf von Baden, Anhänger von Johannes XXIII. – 39 Lies *furchte* (L.). – 41ff. Johann von Nassau, Erzbischof von Mainz, setzte sich für Johannes XXIII. ein, verließ aber das Konzil, als er sich nicht durchsetzen konnte. – 42 *presentz* 'Präsenzgeld'. – 44f. Lies *wolt* : *solt*. – 44–46 "Er sei ins Bad gereist, ließ er sagen" (L.), d.h. Schmerzen überfielen ihn dann, als er wollte. – 49 Lies *gelepst*. – 53 *laster* im 'Karlmeinet' auch maskulin. – 60 Lies *wert ‹an› ein zil*. – 63–72 direkte Rede von Papst Johannes XXIII.; LILIENCRON lässt sie nur bis 70 gehen. – 72 Lies *sinen* (L.); *entlait* = mhd. *enlât*. – 78 *Das* = *Des*; Ludwig III. setzte sich zunächst für Gregor XII. ein, trug aber später dazu bei, dass Gregor zur Abdankung bereit war. – 80 Lies *An im*. – 81 Lies *underwiset*[24] *i‹n›* (L.). – Lies *die rechten warheit* oder *des rechtes warheit*.

IV (S. 211): Ein lateinischer Text ähnlicher Tendenz wie III, allerdings gestört oder von vornherein schlecht gemacht. Für freundliche Hilfe danke ich Carmen Cardelle de Hartmann. Tendenz zu Hexametern, Schlussvers ein Pentameter, aber die Form ist verwahrlost, metrische Fehler sind häufig, vereinzelt leoninische Reime. Außerdem ist Bernhard von Baden, der im deutschen Text richtig benannt wird, hier *Fridericus de Baden* genannt. Oder sind nach Zeile 9 einige Verse ausgefallen, die von Friedrich von Österreich handeln? Basler hält die Verse für einen ersten Entwurf eines Gedichts aus der Kanzlei Ludwigs.[25]

22 Frühnhd. Wb.
23 Mhd. Wb., 1, 2013, Sp. 753.
24 FICHARD hat offensichtlich die 3-ähnliche Abkürzung für -*et* nicht erkannt.
25 BASLER [Anm. 21], S. 441–443, mit Wiederabdruck.

V (S. 212): Ein in 23 Handschriften überlieferter deutscher 'Cisioianus', d.h. ein Kalendermerkgedicht mit vielen Heiligennamen, in dem jedes Wort für einen Tag im Jahreslauf steht.[26] Hier mit mehreren Fehlern. Für jeden Monat steht ein Siebenzeiler undurchsichtiger Bauart. Die Zuschreibung an Heinrich den Teichner scheint nur in einer Handschrift bezeugt zu sein (Karlsruhe, Landesbibl., Cod. Donaueschingen 103) und ist sehr fraglich.[27]

VI (S. 215): Parodistische lateinische Kritik an der Geldgier der römischen Kurie, das sogenannte 'Geldevangelium', in vielen Varianten verbreitet.[28] Die früheste Aufzeichnung, eine kurze Fassung, steht in der Handschrift der 'Carmina Burana', München, Bayer. Staatsbibl., Clm 4660, Bl. 11rv,[29] die längste Fassung in Lübeck, Stadtbibliothek, Ms. hist. 8° 1a (olim 152), Bl. 248rv.[30] Zur übrigen Überlieferung seit etwa 1300 vgl. BAYLESS, die die Fassung einer Handschrift vom Anfang des 14. Jahrhunderts mit den Lesarten aller anderen Textzeugen außer FICHARDS Liederbuch bietet.[31] FICHARDS Text erweist sich als eng verwandt mit Leipzig, Universitätsbibl., Ms 176, Bl. 17v (L),[32] und Staatsbibl. zu Berlin – Preuß. Kulturbesitz, Ms. boruss. fol. 720 (D, früher Teil von Ms. lat. fol. 305), Bl.

---

26 Vgl. ARNE HOLTORF, 'Cisioianus', in: ²VL 1 (1978), Sp. 1285–1289, hier Sp. 1288 (Nr. 10); Korrekturen und Ergänzungen dazu bei HERIBERT A. HILGERS, Versuch über deutsche Cisioiani, in: Poesie und Gebrauchsliteratur im deutschen Mittelalter. Würzburger Colloquium 1978, hg. von VOLKER HONEMANN u. a., Tübingen 1979, S. 127–163, hier S. 155. Eine weitere Überlieferung (Marcus Schinnagel, Stuttgart, Landesmuseum, Inv.-Nr. 1995-323) liefert CHRISTIAN KIENING, Poetik des Kalenders in der Zeit des frühen Buchdrucks (Mediävistische Perspektiven 9), Zürich 2020, S. 52 (mit Berufung auf HEIDRUN FRANZ, Das Hauptwerk des Astrologen Marcus Schinnagel von 1489, Hamburg 2014, S. 233ff.). Die bei HILGERS genannten Handschriften habe ich eingesehen, lediglich Ljubljana Cod. 83 war mir nicht zugänglich.

27 Theoretisch wäre es möglich, dass die Angabe dieser relativ frühen Handschrift stimmt. Dann wäre der 'Cisioianus' wohl früh in Teichners Schaffenszeit anzusetzen, ehe er sich auf seine Signierformel festgelegt hatte. Zur Teichner-Formel vgl. EBERHARD LÄMMERT, Reimsprecherkunst im Spätmittelalter, Stuttgart 1970, S. 14–20.

28 Vgl. BAYLESS; CARMEN CARDELLE DE HARTMANN, Parodie in den Carmina Burana (Mediävistische Perspektiven 4), Zürich 2014, S. 40–46.

29 Abgedruckt in den Ausgaben der 'Carmina Burana'. LEHMANNs Abdruck, S. 183f., ist ein rekonstruierter Text. Nachweis der parodierten Bibelstellen im Kommentar Carm. Bur. II.1, S. 90–92; vgl. auch JILL MANN, Satiric Subject and Satiric Object in Goliardic Literature, in: Mittellateinisches Jahrbuch 15 (1980), S. 63–86, hier S. 75f.

30 Abgedruckt bei LEHMANN, S. 186–188.

31 BAYLESS, S. 321–331.

32 Abdruck: Magnum oecumenicum Constantiense concilium de universali ecclesiae reformatione unione et fide VI tomis comprehensum [...]. Hg. von HERMANN VON DER HARDT, Bd. 1, Frankfurt/Leipzig 1700; darin Tomi I, Pars IV [datiert 1696], S. 498f. Zum Überlieferungskontext vgl. RUDOLF HEISSIG, Die theologischen Handschriften, Teil 1 (Ms 1–500) (Katalog der Handschriften der Universitäts-Bibliothek Leipzig IV,1,1), Leipzig 1926–1935, S. 208, 211.

16v (früher 445v),[33] laut BAYLESS eine Abschrift von L. Die gemeinsame Vorstu-
fe der drei Handschriften berührt sich in der ersten Hälfte punktuell mit Carm.
Bur. 44 und verzichtet in der zweiten Hälfte (Z. 27–43) vor allem auf die sonst
(auch in Carm. Bur. 44) erzählte Erkrankung des Papstes und seine Heilung durch
ein Gold- und Silber-*electuarium*.[34] Dem Redaktor von FICHARDS Liederbuch
scheint es mehr auf den Gegensatz von Arm und Reich als auf die Geldgier der
Kurie angekommen zu sein. Ob kleine Divergenzen im Textbestand zwischen
FICHARDS Liederbuch und LD auf Auslassungen oder Zusätzen gegenüber der
Vorstufe zurückzuführen sind, ist im Einzelnen meist schwer zu entscheiden. Im-
merhin sprechen einige weitere Handschriftenkonstellationen dafür, dass
FICHARDS Text zu Kürzungen neigt.[35]

Einige Lesarten aus LD seien hier nach BAYLESS' Apparat zum Text Z. 1–19 – so weit reicht
die ungefähre Entsprechung – unter Benutzung der Abdrucke VON DER HARDTs und ROSEs
mitgeteilt, bezogen auf unsere Zeilenzählung von FICHARDS Liederbuch. – 3f. *maiestatis sue
vere*] *maiestatis vestre* LD. – 5/6 Hier fehlt sowohl in LD wie in FICHARD ein wichtiger Er-
zählschritt, nach dem Text von BAYLESS: *Tunc venit quidam clericus ab episcopo suo iniuste
oppressus.* – 11 *Quomodo legis? Vero scriptum est: Dilige*] *Quomodo legistis* (*legite* D nach
Rose). *Nonne scriptum est: Diliges* LD. – 15 *clericus*] *clericus ad curiam romanam.* – 18
manus paupertatis] *paupertatis onus* LD. – 18f. *et peto ut subveniatur paupertati mee et mis-
erie*] *peto unt subveniatis paupertati mee et miseremini* LD. – 22f. *gladium pileum et capuci-
um*] *tunicam pelliciam pallium gladium et capucium* LD. – 26 *foras*] *foras et flevit amare* LD.
– 27 *Non*] *Dominus papa vero dixt: Non introibis gaudium domini tui donec tradideras ulti-
mum quadrantem* LD. – 28 *impinguatus et letatus*] *impinguatus incrassatus dilatatus* LD. –
30 *audientes et voce magna clamantes*] *audientes quod episcopus venerat occurrunt ei dicen-
tes et clamantes* LD. – 33 *dedit ipsis*] *misit eis* LD. – 34ff. ab hier kaum noch Entsprechungen
zum Text von BAYLESS. – 36 *sanctus est*] *sanctus est non* (fehlt D nach ROSE) *sicut ceteri qui
spem non habent* LD. – 38 *melius*] *triplo melius* LD. – 41 *Unde*] *Qia* LD. – 42f. *Unde versus
Proficis in nihilo dum venis absque dativo*] *Et si nihil habueris in gaudium hujusmodi non
introibis* LD.

Außerdem weisen wir einige parodierte Stellen nach, die in BAYLESS' Text nicht oder an ent-
fernter Stelle in den Fußnoten erscheinen: 13 *hoc facite in meam commemorationem*: Lc 22,19.
– 27 *post multum vero temporis venit*: Mt 25,19. – 28f. *et cum eo turba multa*: Mt 26,47. – 31f.
Advenisti, desiderabilis, quem exspectabamus in tenebris nostris: Aus der österlichen

---

33 Abdruck: VALENTIN ROSE, Verzeichniss der lateinischen Handschriften der königlichen Bib-
    liothek zu Berlin, Bd. 2.3, Berlin 1905, S. 1341f.; auch online verfügbar. – Zum Kontext vgl.
    ebd. Bd. 2.2, Berlin 1903, S. 957.
34 Vgl. BAYLESS, S. 140.
35 Der Text FICHARDs erscheint auch (fast nur mit orthographischen Abweichungen) in: Curiositä-
    ten der physisch-literarisch-artistisch-historischen Vor- und Mitwelt zur angenehmen Unterhal-
    tung für gebildete Leser, [hg. von CHRISTIAN AUGUST VULPIUS], Bd. 6, Weimar 1817, S. 477f.,
    dort einer anderen Quelle zugeschrieben: "Aus einer Sammlung von allerhand Spottgedichten,
    lächerlichen Relationen, Pasquillen, Liedern und dergl. die im XIV. Jahrhundert, wie es scheint,
    nach älteren Originalen zusammengeschrieben sind, und zwar, wie ich glaube, von einem
    Nürnberger, weil die meisten Späße seine Vaterstadt betreffen." Möglicherweise handelt es sich
    um die gleiche Quelle, die in den Anmerkungen zu II und XL zitiert ist und die vermutlich eher
    ins 16./17. Jahrhundert gehört. CHRISTIAN AUGUST VULPIUS war ein Bruder von Christiane von
    Goethe und arbeitete mit Goethe vor allem am Theater zusammen.

Prozessionsantiphon *Cum rex gloriae*. – 35 *vere hic homo iustus*: Lc 23,47. – 37 *Amice, ascende superius*: Lc 14,10. – 39f. *Sic erunt novissimi primi et primi novissimi*: Mt 20,16, vgl. auch BAYLESS, S. 138. – 41f. Vgl. Thesaurus proverbiorum medii aevi 5, Berlin/New York 1997, S. 330f.; wörtliche Entsprechungen u.a. bei Petrus Comestor (PL 198, Sp. 1809 CD in Sermo XXXVII) und in den Gesta Romanorum, hg. von HERMANN OESTERLEY, Berlin 1872, S. 558(!),12. – 43 Vgl. HANS WALTHER, Proverbia sententiaeque latinitatis medii aevi, Bd. 4, Göttingen 1966 (S. 916), Nr. 28736b, Bd. 3, Göttingen 1965, Nr. 22591 (S. 982).

VII (S. 217): Liebes-Sehnsuchtslied, 3 Strophen. Die nichtstollig wirkende Form dürfte ursprünglich so gewesen sein: 4a 4a 4b 4b 4c 4c 4K. Nicht ganz ausgeschlossen ist, dass die letzte Zeile fünfhebig ist. Kanzonenform wäre möglich, ist aber nicht sicher.

I,3f. Reim gestört, vielleicht *zäm* (= mhd. *zæme* = *gezæme*) : *genäm*. – I,5 Lies *biet* oder *böt*. – I,7 Tilge, wenn vierhebig, *so gantz gar*, wenn fünfhebig *gantz* oder *gar*. – II,2 Lies *verpergen tu*. – II,3 Lies *in solcher mein* ('in der Absicht'). – II,4 Lies *vor aller gmein*. – II,5 Lies *gedar ‹ich› ir*. – II,6 Lies *fürcht*. – II,7 Fünfhebig *bekrenkt in lieb‹e›*, vierhebig tilge *in lieb*. – III,3f. Reime wohl *end : erkennt*. – III,6 Lies *werden mat*. – III,7 Vierhebig lies *lieben bundt*, fünfhebig lies *swur‹e›*.

VIII (S. 218): Liebes-Sehnsuchtslied, 3 Strophen. 4a 4b 4a 4b 4c 4c 4c 4K. Das Lied gilt als Lied des Mönchs von Salzburg (Mönch W 46), weil es auch in der Mondsee-Wiener-Liederhandschrift (D = Wien, Österr. Nationalbibl., Cod. 4696) steht; die letzten Verse der dritten Strophe fehlen dort (nach dem ersten Wort von Vers 4). Außerdem findet sich das Lied auch im 'Augsburger Liederbuch' (München, Bayer. Staatsbibl., Cgm 379, Bl. 127rv [Au₁], Strophe 3 nochmals Bl. 155r [Au₂]).[36] Die Strophenform entspricht u. a. Mönch W 43; im Gegensatz zu der stolligen Melodie von W 43 ist die Melodie von W 46 nicht stollig gebaut, darum hier auch ohne Stollenmarkierung.

I,6 Lies *geformiert*. – I,7 Lies *beziert*. – I,8 *gut* = mhd. *güete*. – II,2 D liest *liepleich haist vnd*. – II,8 D hat Auftakt: *das*. – III,2/4 Ungenauer Reim. – III,3 *Ye* fehlt D und Augsb. – III,7 *Den* Au₁,₂ lesen *dein*.

IX (S. 219): Ein breit überliefertes Lied mit Refrain in der Form der Virelai-Ballade. Die Form ist hier im Refrain gestört, ursprünglich (z. B. Liederbuch der Hätzlerin): 4a 3b- | 4a 3b- | 4c 3d- 4c 4c 3d- | **4f 3g- 4f 4f 3g-**. Überlieferung: Prag, Knihovna Národního musea, Ms. X A 12, Bl. 299v (Hätzlerin Nr. I,53); Staatsbibl. zu Berlin – Preuß. Kulturbesitz, Ms. germ. fol. 488, Bl. 230rv; Leipzig, Universitätsbibl., Ms. Apel 8, Bl. 361v–362r; Graz, Universitätsbibl., Hs. 1405,

---

36 Literatur s. Mönch, S. 58–60.

Bl. 132a (eingelegte Pergamentblätter mit separater Melodie);[37] München, Bayer. Staatsbibl., Cgm 379 ('Augsburger Liederbuch'), Bl. 116rv;[38] Wolfenbüttel, Herzog-August-Bibl., Cod. Helmst. 695, Bl. 147v (niederdeutsch);[39] der Anfang auch im Liederregister von München, Bayer. Staatsbibl., Cgm 5919, Bl. 297r.[40] In der Wolfenbütteler niederdeutschen Fassung ist der Refrain zwischen Auf- und Abgesang der dritten Strophe gestellt; die dort im Abdruck angehängten zwei Vierzeiler gehören wohl zu einem anderen Lied.

Ausführlich besprochen wurde das Lied von MANFRED KERN.[41] SCHLOSSER[42] hielt das Lied für einen Wechsel und sah die Falkenmetapher in der Tradition von Kürenbergers 'Falkenlied'. Die Falkenmetapher wird jedoch, wie SCHLOSSER sehr wohl gesehen hat, auch für Frauen gebraucht, und für einen Sprecherwechsel innerhalb des Lieds sehe ich mit Kern keinen zureichenden Grund.

I,3 *gesellz* lies *gesellet*.[43] – I,8 *Dar ymme*] lies *Darum*. – I,9 Reim gestört, mehrere Handschriften lesen *Und leb auch mit gedrange*. – I,13 Lies *liebstes*. – II,7 Möglicherweise soll die Mauser für einen Gesinnungswandel und die Rückkehr des Falken stehen. Lies *sold sich* 'hat sich ‹inzwischen› wohl gemausert'? – II,9 *werren* = mhd. *wæren*; tilge *gutt*. – III,3 Tilge *gute*. – III,9 *geret mich sere*] lies *wil mich*. – III,13 Lies *liebstes*.

---

37 HELLMUT FEDERHOFER, Zwei deutsche Lieder des 15. Jahrhunderts, in: Anzeiger der Österreichischen Akademie der Wissenschaften. Philos.-hist. Klasse 11 (1948), S. 172–178; wieder in: ders., Musik und Geschichte. Aufsätze aus nichtmusikalischen Zeitschriften, Hildesheim usw. 1996, S. 5–11. Nach KARIN SCHNEIDER (zitiert bei KORNRUMPF, S. 255, Anm. 32) ist die Aufzeichnung der Lieder zwischen ca. 1390 und 1410 anzusetzen. Vgl. auch BIRGIT BRETTENTHALER, KATHRIN PODBRECNIK, *Das wetter hat verkeret sich*. Historiolinguistische Analyse der Textgestaltung, Schreibung und Lautung eines Liedes aus dem 15. Jahrhundert, in: Frühneuhochdeutsche Texte aus der steirischen Benediktinerabtei St. Lambrecht. Hg. von ERIKA WINDBERGER, Wien 2005, S. 97–121; KATHARINA EBERL, Klang und Sprache. Zur Korrelation von IText und Melodie im Lied *Das wetter hat verkeret sich*, in: ebd., S. 123–127.

38 Literatur s. Mönch, S. 58–60; Abdruck [JOHANNES] BOLTE, Ein Augsburger Liederbuch vom Jare 1454, in: Alemannia 18 (1890), 97–127, hier S.124f.

39 CARZ HUMMEL, Ein mittelniederdeutsches Falkenlied, in: Jahrbuch des Vereins für niederdeutsche Sprachforschung 91 (1968), S. 96–76.

40 Vgl. JOHANNES BOLTE, Ein Liederregister des 15. Jahrhunderts, in: Zeitschrift des Vereins für Volkskunde 16 (1906), S. 181–183, Nr. 26; s. auch MANFRED ZIMMERMANN, Das Liederregister im cgm 5919, in: ZfdA 111 (1982), S. 281–304, hier S. 291 zu Nr. 26. Beschreibung der Handschrift WUNDERLE, s. Anm. 14.

41 MANFRED KERN, "Lyrische Verwilderung". Texttypen und Ästhetik in der Liebeslyrik des 15. Jahrhunderts, in: Texttyp und Textproduktion in der deutschen Literatur des Mittelalters, hg. von ELIZABETH ANDERSEN, MANFRED EIKELMANN, ANNE SIMON (Trends in Medieval Philology 7), Berlin/New York 2005, S. 371–393, hier S. 375–382.

42 HORST DIETER SCHLOSSER, Untersuchungen zum sog. lyrischen Teil des Liederbuchs der Klara Hätzlerin, Diss. Hamburg 1965, S. 89 und 96; übernommen u. a. von KLAUS JÜRGEN SEIDEL, Der Cgm 379 der Bayerischen Staatsbibliothek und das "Augsburger Liederbuch" von 1454, Diss. München, Augsburg 1972, S. 419. Dabei war schon IRMGARD REISER, Falkenmotive in der deutschen Lyrik und verwandten Gattungen vom 12. bis zum 16. Jahrhundert, Diss. Würzburg 1963, S. 177–181, zu dem Schluss gekommen, dass mit dem Falken ein "Mädchen" (S. 180) gemeint ist.

43 Vgl. Anm. 24.

X (S. 220): Liebeswerbung als Neujahrsgruß.[44] Die Form könnte möglicherweise so zu verstehen sein: 4a 2b | 2b 4a | 4c 4c 4c | 4d 4e 4d 4e | **4f 4g 4f 4g**. Ungewöhnlich wäre die Variation der Stollen[45], dann würde ein relativ langer Steg folgen, dann erst Abgesang und Refrain. Wenn man jedoch die Reime der Zeilen 2f. für irrelevant oder für systematische Variation hält, kann sich auch eine ganz andere Struktur ergeben: 4a 4b/b 4a | 4c 4c 4c | 4d 4e 4d 4e | **4f 4g 4f 4g**.[46] Das wäre eine der Virelais-Ballade zumindest nahestehende Form.

I,1 u. 4 *frauwz* lies *frauwet*, *liebz* lies *liebet*.[47] − I,5−7 In Str. 2 und 3 an entsprechender Stelle männliche Reime, lies *er*, *ler*, *ker*? − I,9 Lies *wil* (obd. überwiegend[48]). − I,14 Statt *basz* lies *busz*. − II,1 Lies *Als din gebot ist mir lind*? − II,4 Lies *findt*. − III,1 Lies *Lieplicher schin, wan ich gedenck*? − III,6 Lies *Das ist ‹mir› freud und anders nicht*. − III,11 Lies *dermant* 'ermahnt' (die Vorlage war wohl bairisch).

XI (S. 222): In diesem Fall ist die Druckanordnung, die möglicherweise auf eine Anordnung der Handschrift (deren Seitenwechsel wir aber nicht kennen) zurückgeht, so irreführend, dass ich eine Neuausgabe des Liedes versuchen möchte. Im Abdruck führe ich gleichwohl eine Zählung durch. Es handelt sich um drei Stophen einer Virelais-Ballade mit Refrain und Kornreim. Die Form: 4a 4a 4b | 4c 4c 4b | 4d 4d 4d 4K- | **4e 4e 4e 4K-**. Das *sz* ersetze ich durch *ß*. Alle übrigen Abweichungen von FICHARDs Druck sind nachgewiesen, Groß- und Kleinschreibung sind geregelt, Satzzeichen sind eingefügt. Unterpunktete Buchstaben sind nicht zu sprechen.

I	Ich schick dem liebsten gesellen myn
	zwene hunde (han wol zu iagen sin,
	wer da by unverdrossen ist):
	Willig[]s hertze und stetigen mut.
5	die hunde sint wol zu iagen gut,
	wo du mit hut vorsorget bist.
	Vorbinde mit druw vor hie und dort,
	hebe selbe ane das beste ort,
	lose ydermann mit siner wort!
10	vil hunde frauwet widerbellen.
	[*Refrain*] Juch dar mit mut! [] biß unverzagt!
	will hait manigen hirtzen eriaget.
	glücke und heile sy dir bedaget,
15	freude muß dir din horn erschellen.

44 Vgl. HOLTORF, S. 35 (Lied 14).
45 Aber vgl. JOHANNES RETTELBACH, Variation − Derivation − Imitation. Untersuchungen zu den Tönen der Sangspruchdichter und Meistersinger (Frühe Neuzeit 14), Tübingen 1993, Register s. v. Stollendifferenzierung.
46 So SITTIG, S. 67, und KORNRUMPF, S. 253.
47 Vgl. Anm. 24.
48 Mhd. Gramm. § M 102.

II Ye edeler diere, ye wilder sin.
es wencket her und wenket hin,
das laß dich nit erschrecken.
Sprich an din eygen willickeit!
5 bist du zu iagen eme bereit,
Es laufft dir zu der hecken.
hast du willige hunde by dir,
die laß nit wenden din begir!
ein einiger hunt hebt wol ein dier,
10 hat er gut iagegesellen.

III Der falschen rede ist leider fil,
welch gut geselle den folgen wil,
der ist am mut verdorben.
Nu folge alleine dins hertzen rat!
5 williger mut mit frier dat
hat manigen bryß erworben.
Nit bessers raits ich mich vorstan:
bis willig stede, habe guten wan,
von hertzen lust solt du nit lan,
10 wilt du das dierlin fellen!

Apparat: I,1 schickt den. 2 wolle. 4 Willigis. 6 vorsorgen. 7 Vor binde. 10 frauwz.⁴⁹ 11 mut gar. 12 Wil.
II,4 *undeutlich:* williekeit *oder* willickeit. 9 diere.
III,1 fiele. 6 manige.

Das Lied⁵⁰ ist in dieser Anordnung formal durchsichtig. Inhaltlich plädiert es mit Jagdmetaphorik dafür, im Werben nicht nachzulassen, als Mahnung an einen *gesellen* gerichtet. Ob gewisse Unschärfen der ersten und zweiten Strophe auf Verderbnis beruhen oder schon dem Original zukommen, ist nicht zu entscheiden. Das Lied stammt aus einer nicht diphthongierenden Gegend, vgl. die ersten Reime.

I,3 *wer* 'wenn einer'. – I,7 *druw* ist Graphie für mhd. *triuwe*; das Objekt ist ausgepart: dich oder die Hunde. – I,9 *wort* steht für *wart* 'Warte'. – I,10 Wohl 'halte dich an die günstigste Stelle'. – I,11 *Juch* Jagdruf.⁵¹ Statt *gar* könnte auch *biß* zu tilgen sein. – I,12 *hirtz* = *hirs*. – I,14 *bedagen* 'an den Tag bringen'. – II,5 Der Bezug von *eme* ist unklar; als *dativus ethicus* wäre eher *dir* oder *ir* (d.h. *der willickeit*) zu erwarten; ist das zu jagende Tier gemeint? – II,6 Sinn? Möglicherweise ist hier *hecke* 'Falle' (DWb., Frühnhd. Wb.) gemeint; allerdings gilt das Fallenstellen als nicht waidmännisch, während sonst das Lied eher offene Hetzjagd suggeriert. Oder ist ein Verhau gemeint, in den das gejagte Wild hineinge-

49 Vgl. Anm. 24.
50 Vgl. auch SITTIG, S. 330f.
51 DAVID DALBY, Lexicon of the mediaeval German Hunt. A lexicon of Middle High German terms (1050–1500) associated with the chase, hunting with bows, falconry, trapping and fowling, Berlin 1965, s.v. *ju*.

hetzt wird? – II,7–9 Dass willige Hunde vom Begehren ablenken, ist unlogisch. Verderbnis? – II,9 *hebt* 'hält, fängt'. – III,1 *falsche rede* ist wohl die Mahnung, mit dem Werben aufzuhören.

XII bis XXIV (S. 223–248): Die zwölf Lieder von Suchensinn behandle ich hier nicht, sondern verzeichne nur die Ausgabe und die neuere Literatur:

> EMIL PFLUG, Suchensinn und seine Dichtungen (Germanistische Abhandlungen 32), Breslau 1908, Neudruck Hildesheim/New York 1977; Repertorium der Sangsprüche und Meisterlieder, hg. von HORST BRUNNER und BURGHART WACHINGER, Bd. 5, Tübingen 1991, S. 412–423; FRIEDER SCHANZE, Suchensinn, in: ²VL 9 (1995), Sp. 478–481; MICHAEL BALDZUHN, Vom Sangspruch zum Meisterlied (MTU 120), Tübingen 2002, s. Register; ders., Blattverluste im Suchensinn-Korpus der "Kolmarer Liederhandschrift", in: ZfdPh 119 (2000), S. 427–433; MARGRETH EGIDI, Dissoziation und Ich-Rolle in den Liedern Suchensinns, in: Neue Forschungen zur mittelhochdeutschen Sangspruchdichtung, hg. von HORST BRUNNER und HELMUT TERVOOREN (ZfdPh 119, Sonderheft), Berlin 2000, S. 237–251; KORNRUMPF, S. 252f.; Sangspruch /Spruchsang. Ein Handbuch, hg. von DOROTHEA KLEIN, JENS HAUSTEIN und HORST BRUNNER in Verbindung mit HOLGER RUNOW, Berlin/Boston 2019, s. Register.

Es handelt sich der Reihe nach um die Lieder PFLUG Nr. 10, 1, 11, 12, 13, 6 (unvollständig)[52], 14, 16, 17, 18, 19 (die dritte Strophe erst in FICHARD XXIV).

XXV (S. 249): Graserinlied. Rondeau, Aufbau und Korrekturen nach KORNRUMPF, S. 258–260: 1–6 Refrain. – 1 Ergänze *wil ‹ich›*. – 6 Lies *Davon liebt.* – 7–11 Erster neuer Text, danach Refrain. – 7 Lies *Wold sie.* – 8 Lies *greserin.* – 9 Lies *Mocht das.* – 12–17 Zweiter neuer Text, danach nochmal Refrain.

XXVI (S. 249): Erntezeit als Zeit der erotischen Chancen, vgl. Ulrich von Winterstetten Lied IV[53] und Hadlaub 22, 24 und 43[54]. Rondeau, Aufbau und Ergänzungen nach KORNRUMPF, S. 258–261: 1–4 Refrain. – 5–7 Erster neuer Text, danach Refrain. – 5 Lies *Durch all din güt.* – 8–12 Zweiter neuer Text, danach Refrain. – 9 *füre* Reim, *entzünt* zur nächsten Zeile. – 10 Lies *Entzünt das ich musz ‹werlich› sin.* – 11 Lies *Mit gantzen truwen ‹iemer› din.*

---

52 Es fehlt der Abgesang der zweiten Strophe.
53 Deutsche Liederdichter des 13. Jahrhunderts, hg. von CARL VON KRAUS, 2. Aufl., durchgesehen von GISELA KORNRUMPF, Tübingen 1978, S. 514f.
54 Die Schweizer Minnesänger, nach der Ausgabe von KARL BARTSCH neu bearbeitet und hg. von MAX SCHIENDORFER, Bd. 1: Texte, Tübingen 1990, S. 345f., 348f. und 370–372.

XXVII (S. 250): Liebesbeteuerung. Rondeau, Aufbau nach KORNRUMPF, S. 258f., 261: 1–3 Refrain. – 1 Tilge *das*. – 4–5 Erster neuer Text, danach Refrain. – 6–8 Zweiter neuer Text, danach Refrain. – 6f. KORNRUMPF vermisst Reimwörter auf *-în*, denkt an ein Abgleiten des Auges zum nächsten Rondeau.

XXVIII (S. 250): Liebesbeteuerung. Rondeau, Aufbau und metrische Glättung nach KORNRUMPF, S. 258f., 261f.: 1–3 Refrain. – 1 Lies *ser*. – 4–5 Erster neuer Text, danach Refrain. – 6–8 Zweiter neuer Text, danach Refrain. – 7 Lies *Wann mir uff erd[] nye liebers wart*.

XXIX (S. 251): Liebesbeteuerung nach einem Streit. Die Form ist undurchsichtig. Sittig versucht, durch Zeilenumstellungen zwei Strophen und den Aufgesang einer dritten herzustellen.[55] Strophe I könnte nach KORNRUMPF auch so aufgefasst werden: 4a- 4b- | 4a- 4b- | 4c 4c 4K | **4d 4d 4K**. In diesem Fall läge das in der zweiten Strophe entstellte Fragment einer Virelai-Ballade vor.[56]
    7 *gude* = mhd. *güete*. – 17 Statt *mir* lies *dir*? – 19 Undeutlich: *sin*. – 18/20 Reim *funt* : *kumt*.

XXX (S. 252): Inhaltlich wirbt das Lied um eine durch *untrüwe* enttäuschte Frau.[57] Wieder handelt es sich, wie schon SITTIG[58] gesehen hat, um drei Strophen einer Virelai-Ballade, diesmal teilweise mit Kadenzfreiheit. Wir zählen entsprechend.
    Der Eindruck, den die Form macht, ist etwas widersprüchlich. Einerseits lauten die Kornreime am Strophen- und Refrainende: *zyten* : *myden* : *myden* : *liden*; dass zwei Reimwörter identisch sind, spräche für ein bescheidenes Formniveau. Anderseits legen die Binnenreime der Zeilen II,7, III,5 und III,7 einen höheren Formanspruch nahe. Wenn die Binnenreime ursprünglich für das ganze Lied gegolten haben, würde das Schema lauten: 4a 3-/4b | 4a 3-/4b | 2c_2c 4c 2d_2d 4d 3-K | **2e_2e 4e 2f_2f 4f 3-K**. Ohne dass ich mich endgültig festlege, zeige ich in den Anmerkungen, wie den höheren Formansprüchen vielleicht zu genügen wäre.
I,2 Lies *rü* (= mhd. *ruowe*)? – I,4 Lies *ich ‹ir› nit abe[]lan*. – I,5 Lies *Uff gnade ‹vil› ich [] warten wil*? – I,7 Lies *Es stet zu dir [] myns hertzen gir*? – I,11 Lies *danne ‹ich› glich*? – I,12 Lies *bit*? – I,13 Lies *sit*. – I,14 KORNRUMPF schlug S. 254 (Anm. 25) *vermîden* vor; oder lies *nyden*? – II,5 Lies *Verbint [] ‹mit eyt› din stedickeit*. – II,8 Tilge *ummer*. – III,8 Lies *verseen*.

55 SITTIG, S. 66.
56 KORNRUMPF, S. 254 mit Anm. 24; den c-Reim der zweiten Strophe (15f.) hielt sie für zerstört, ein passendes Reimwort sei schwer zu finden; für 18 : 20 schlägt sie jetzt den Reim *funt* : *kunt* (für *kumt*) vor.
57 Vgl. auch SITTIG, S. 87.
58 SITTIG, S. 64.

XXXI (S. 253): Unmut wegen der unzugänglichen Geliebten, nach Bitten um neue Prüfungen am Ende überraschende Absage.[59] Form ganz undurchsichtig, Tendenz zu Vierhebern, unregelmäßig gereimt.

3 Höflichkeitsform der Anrede nur hier; lies *din*? – 6 Tilge *nit* oder die Negationssilbe *en*. – 10 Tilge *gantz* oder *gar*.

XXXII (S. 254): Liebestreue trotz seltener Besuche. Rondeau, Aufbau und Glättungen nach KORNRUMPF, S. 258f., 262: 1–5 Refrain. – 3 Lies *sehe* (Konjunktiv?). – 5 *vergeszen*] lies *vergesze*; *stunt*] lies *zit*. – 6–9 Neuer Text, danach Refrain. – 10–14 Neuer Text, danach Refrain. – 11 Lies *glaub*. – 12 Lies *lieb*. – 14 Lies *werlde*.

XXXIII (S. 254): Liebesklage. Rondeau, Aufbau und Korrekturen nach KORNRUMPF, S. 258f., 263, hier leicht variiert: 1–3 Refrain in dieser Fassung: *Der meie mir geraubet hat Zwey blümlin, die ich lange han Geplantzet in dem hertzen myn.* – 4–5 Neuer Text in folgender Fassung: *Die ‹blümlin› waren bla und rot Gezieret in frau eren cron*, danach Refrain. – 6–8 Neuer Text, danach Refrain; *wolhin* (6) gehört semantisch und metrisch zur nächsten Zeile.

XXXIV (S. 255): Liebesbeteuerung. Rondeau, Aufbau und Glättungen nach KORNRUMPF, S. 258f., 263: 1–3 Refrain. – 4–5 Neuer Text, danach Refrain. – 5 Lies *b‹i›*. – 6–8 Neuer Text, danach Refrain. – 6 Lies *Alltzyt*.

XXXIVa (S. 255): Vor dem Verlust von acht Blättern steht noch eine Überschrift *Eyn suberlich lytlin*, möglicherweise eines weiteren Rondeaus.

XXXIVb (S. 255): Nach der Lücke setzt der erhaltene Text offenbar mit dem Schluss eines Liedes ein. FRIEDRICH RANKE[60] hat erkannt, dass es sich um den Schluss des Liedes *Mit ganzem willen wünsch ich dir* handelt, das auch im 'Rostocker Liederbuch' (Rostock, Universitätsbibl., Mss. philol. 100/2, Bl. 19v–20r), im 'Augsburger Liederbuch' (München, Bayer. Staatsbibl., Cgm 379, Bl. 156v–157r)[61] und im 'Lochamer-Liederbuch' (Staatsbibl. zu Berlin – Preuß. Kulturbesitz, Mus. Ms 40613, S. 30) in variierenden Fassungen überliefert ist.[62]

---

59 Vgl. auch SITTIG, S. 131f.
60 Rostocker Ldb., S. 91f. bzw. 283f. zu Nr. 20.
61 Auch online verfügbar; Literatur s. Mönch, S. 58–60.
62 Vgl. ERNST ROHLOFF, Mit ganzem willen wünsch ich dir. Neuer Vorschlag zur Textdeutung der einstimmigen Weise im Lochamer Liederbuch, in: Archiv für Musikwissenschaft 13 (1956), S. 237–242; PETZSCH, S. 143–177, hier S. 150. Abdruck aller Textüberlieferungen in: Lochamer-Ldb., S. 89–91.

XXXV (S. 255): Das zehnstrophige Lied handelt von einem auserwählten Blümlein, das nach VI,3 das Ich gefunden hat, nach X,2 eine Geliebte dem Ich gegeben hat. Das Blümlein ist durch Brennnesseln (II, III), einen Ritter (IV) oder durch kalten Wind (V, IX) bedroht. Verschiedene Farben des Blümleins werden auf die Situation des Liebenden hin ausgelegt: blau für Beständigkeit, rot für brennende Liebe, wie er sie noch nie erfahren hat, weiß für Warten auf Gnade (wenn er nur erst bei der Liebsten wäre, würde er dort bleiben wollen), schwarz für das Getrenntsein. Am Ende Wunsch für viele gute Jahre und eine selige Nacht.[63]

Eine kürzere Fassung des Liedes hat WILHELM WACKERNAGEL[64] in Karlsruhe, Landesbibl., St. Blasien 77, Bl. 312r (unter nicht ausgefüllten Notenlinien) nachgewiesen (Hinweis Gisela Kornrumpf). Da MONEs Abdruck,[65] auf den er verweist, nicht ganz genau ist, drucke ich sie hier nach dem Digitalisat ab (Abkürzungen außer *dz* und *wz* aufgelöst, Virgeln weggelassen, Interpunktion eingefügt, Zeilenwechsel markiert):

1   Sich fröwt m[i]yn hercz gen disem maigen
       Es wachset plümly | so mancherlaye,
       Rott wiß vnde plaw,
       Rott wiß vnde pläw.
       so‹l› ich sy myden, ich möcht wol werden graw.

2 ¶   Jch hëtt mir ayn plümlin vß erwellet,
       gegen dem hett | sich myn hercz gestellet,
       hercz, mût vnd all synn,
       hercz, mût | vnd all myn sinn.
       ich fúrcht, da wachse nessel krut dar jnn.

3 ¶   Dz nessel krut dz well mir vß graben,
       wachst es dar | jnn, es bringt vns grosen schaden.
       Es brennet mich so ser, |
       Es brennet mich so ser.
       kayn semlich plûm gewinn ich | nymmer me‹r›.

4 ¶   Vnd wend ir hören, wz mir dz liebste sy?
       dz pläwe plümlin dz stat gar nach da by.
       dz blawe tútet | stät,
       dz plawe tútet stät.
       der küle wind hat mir den | weg verwät.

---

63 Das Lied wird mehrfach in der Literatur über Farben und Blumen angeführt. Vgl. auch SITTIG, S. 227f.
64 WACKERNAGEL, S. 223f.
65 [FRANZ JOSEPH] M[ONE], VI. Alte Lieder, in: Anzeiger für Kunde der teutschen Vorzeit 5 (1836), Sp. 333–335, hier Sp. 334f. Vgl. zu der Liedgruppe des Heinrich Otter auch HANS JOACHIM MOSER und FRED QELLMALZ, Volkslieder des 15. Jahrhunderts aus St. Blasien, in: Volkskundliche Gaben. John Meier zum siebzigsten Geburtstag, Berlin/Leipzig 1934, S. 146–156 (das ohne Noten überlieferte Lied nur S. 147 erwähnt).

5 ¶   Dz plawe plümlin hoffet vff genad. |
      Vnd stünd die aller schönst Jungkfro da [vor],
      den wechsel | welt ich nit triben,
      den wechsel welt ich nit triben.
      Jch | welt by minem plawen blümlin beliben. (etc.)

Als metrische Form scheint in der Fassung von FICHARDs Liederbuch angestrebt
zu sein: 5a 5a 3b 5b bei freiem Kadenzentausch, ähnlich dem lateinisch-deutschen
Lied I. Diese Form wird allerdings sehr frei gehandhabt. Als Reime genügen in
Str. III, VI und VIII Assonanzen, in X,1f. ist vielleicht *nacht* : *bracht* oder, wie
UHLAND[66] vorschlägt, *vlacht* zu lesen.

III,4 Lies *gewin* oder *vind*? – IV,1 Lies *umb graben*, hier, anders als III,1
('durch Umgraben vernichten'), 'durch Graben (oder einen Graben) schützen'. –
VI,4 *dienst* unmarkierter Genitiv.

XXXVI (S. 257): Liebesgruß und Liebesklage[67], eine Strophe: 4a 4a 2b 3b 4c 6c?

3 *Das* hier 'wenn'. – 4 Lies *wonen sül.*

XXXVII (S. 257): Scherzhaft übertriebener Liebesgruß, vielleicht als Gruß zum
neuen Jahr.[68] Eine Strophe oder, wenn man den Reim 3 : 4 für zufällig hält, leicht
gestörte Reimpaare: 4a 4a 2b 2b 4b 3c-
                                  4c- 4d- 4d-.
4 *pfaen* 'Pfau' – 6 *geleytterter wagen* 'Leiterwagen'. – 7f. *gefülte rosen Yglichs
blat in nün gespalten*] man ist versucht, nach der Rosensorte zu fragen; vielleicht
aber nur hyperbolisch.

XXXVIII (S. 258): Leider nicht vollständig abgedruckt.

XXXIX (S. 258): Oswald von Wolkenstein Kl 84.[69]

66 Uhlands Schriften III, in einem interpungierten Abdruck ohne Strophe 3 und 4 S. 529f. als
    Anmerkung zu S. 435 (Farben im Liebeslied).
67 HOLTORF, S. 239, hält den Gruß für parodistisch, wohl wegen der Schlusszeile *Das er* (=
    Gott) *mich solicher groszer lieb hett erlan*. Ihm folgen KLINGNER/LIEB, Bd. 1, S. 999. Ich
    halte den Gruß eher für ernsthaft. Vgl., ebenfalls ohne Parodiedeutung, SITTIG, S. 160, und
    SCHULZ-GROBERT, S. 79f.
68 Vgl. SCHULZ-GROBERT, S. 80–82, mit Verweis auf HOLTORF, S. 141; KLINGNER/LIEB, Bd. 1,
    S. 1000.
69 Gesamtüberlieferung des zweistimmigen Lieds abgedruckt: Oswald v. W. Kl. 84.

XL (S. 260): Die Überschrift *Eyn Spruch* dürfte dafür sprechen, dass eine Melodie nicht bekannt war. Gleichwohl handelt es sich um ein strophisches Lied der Form 4a 4b 4a 4b, nur die letzte Strophe ist durchgereimt.[70]

Das Lied ist mehrfach überliefert: München, Bayer. Staatsbibl., Clm 15613, Bl. 319r[71] (hier B: acht Strophen, mit Varianten entsprechend FICHARD I, II, IV, III, V, VI, –, X); Zürich, Zentralbibl., C 101/467 (Hs. des Gallus Kemli[72], hier C, 12 Strophen, die mit Varianten den Strophen FICHARDs entsprechen), Bl. 127v–128r[73]; leicht abweichend Edinburgh, Library of the Royal Observatory, Crawford collection, Cr. 2.123 (wohl aus Nürnberg), Bl. IIIv (15./16. Jahrhundert, Hinweis Gisela Kornrumpf),[74] hier D (mit Würfelspiel, über das es zum Streit kommt); eine erweiterte Fassung bietet Lübeck, Stadtbibl., Ms. hist. 8° 1a (Var. 152), Bl. 242v–243r (hier F)[75]: Mit Varianten entsprechen die ersten sechs Strophen I–VI, Str. 11–13 VII–IX bei FICHARD; anschließend kommt noch ein Frau namens *Keyte*, die gegen Geschenke mit einem der Streitenden schlafen will, der Mönch kommt schließlich nach Hause und wird wohl – die Einzelheiten verstehe ich nicht – bestraft. Eine weitere Überlieferung, handschriftlich oder gedruckt, ist uns nur indirekt zugänglich.[76]– Das Lied wurde im 16. Jahrhundert in einer der Standardfassung ähnlichen Form auch dreimal gedruckt:[77] d: London, Brit. Libr.,

---

70 Nach FICHARD abgedruckt in ¹HOFFMANN, S. 168–170; wiederholt im Anhang von ³HOFFMANN, S. 90f.; danach MASCHEK, S. 209f.; nach FICHARD KIEPE, S. 265f. (mit Übersetzung). Auch in: Curiositäten der physisch-literarisch-artisch-historischen Vor- und Mitwelt zur angenehmen Unterhaltung für gebildete Leser, [hg. von CHRISTIAN AUGUST VULPIUS], 9. Bd., S. 462–464 (zur Quellenangabe s. Anm. 19; zu VULPIUS vgl. auch Anm. 35).

71 Abgedruckt von WILHELM WATTENBACH, in: Anzeiger für Kunde der deutschen Vorzeit N.F. 27 (1880), Sp. 173–175, und ERICH SEEMANN, in: Münchener Museum für Philologie des Mittelalters und der Renaissance 1 (1911), S. 92–94.

72 Vgl. ARNE HOLTORF, Kemli, Gallus, in: ²VL 4 (1983), Sp. 1107–1112, und Nachtrag Bd. 11 (2004), Sp. 836; ausführliche Beschreibung in: JAKOB WERNER, Beiträge zur Kunde der lateinischen Literatur des Mittelalters, Aarau 1905, S. 152–183.

73 Abgedruckt von JAK[OB] WERNER, in: Münchener Museum für Philologie des Mittelalters und der Renaissance 1 (1911), S. 365–367 (die 3. Strophe ist dort ausgelassen).

74 NEIL R. KER, Medieval Manuscripts in british Libraries, Bd. II, Oxford 1977, S. 557f.

75 Abgedruckt von WILHELM WATTENBACH, Gedichte aus einer Lübecker Handschrift, in: Germania 17 (1872), S. 181–190, hier S. 188–190: im Abdruck geboten als 20 und eine halbe Strophe, WATTENBACH hat allerdings zum besseren Vergleich mit FICHARD den Text in Strophen eingeteilt, in der Handschrift ist er aber fortlaufend geschrieben; es sind also, da je eine deutsche und eine lateinische Zeile in einer Zeile stehen, 41 Zeilen statt 20 und eine halbe Strophe. WATTENBACH hält übrigens FICHARDs Fassung für ursprünglicher, darin wird man ihm angesichts der weiteren Überlieferung wohl zustimmen.

76 Curiositäten der physisch-literarisch-artistisch-historischen Vor- und Mitwelt zur angenehmen Unterhaltung für gebildete Leser, [hg. von CHRISTIAN AUGUST VULPIUS], Weimar 1821 [recte 1822], S. 462–464, mit der Quellenangabe "Aus einer alten, halb geschriebenen, halb gedruckten Sammlung von allerlei ergötzlichen Liedern. 1579 bis 1594 zusammen geschrieben; die gedruckten, Nürnberg 1605". Es handelt sich um dieselbe Sammlung, die in den Anmerkungen zu II zitiert wurde und womöglich auch um dieselbe, die in der Anmerkung zu VI zitiert wurde. Zu VULPIUS vgl. Anm. 35.

77 Beste Übersicht aufgrund einer Mitüberlieferung: KURT GÄRTNER, Zechparodien auf den Invitatoriumspsalm (Psalm 94), in: Deutsche Literatur im späten Mittelalter. Hamburger Col-

11522 (Nürnberg: Friedrich Gutknecht); e: London, Brit. Libr., 11517 aa15 (Augsburg: Hans Zimmermann); der älteste Druck und Archetyp der beiden anderen Drucke[78] scheint zu sein f: Berlin, Staatsbibl. zu Berlin – Preuß. Kulturbesitz, Yd 9489 (Nürnberg: Georg Wachter).

Wieder handelt es sich um einen Text lateinisch-deutscher Mischpoesie, diesmal geht es um den Kontrast zwischen der heiligen Sprache der Hymnen und der Liturgie und dem vor allem volkssprachig dargestellten Inhalt einer Saufszene.

Bei den Nachweisen der lateinischen Zitate ist zu beachten, dass, wie aus dem Register der Analecta hymnica[79] hervorgeht, in der Hymnendichtung häufig dieselben Anfänge gebraucht werden und Montagen aus bekannten Hymnen immer wieder vorkommen. Ich kann also nur auf die wahrscheinlich gemeinten, besonders breit überlieferten Hymnen hinweisen und zwar ohne Rücksicht auf Überlieferungsvarianten in der Form, in der sie in den Analecta hymnica (A.h.) geboten werden: I,2 Der Hymnus mit diesem Anfang preist mit vielen Hymnenzitaten die heiligen Maximus, Julianus, Felicitas und Innozenz (A.h. 22, S. 200f.). Gemeint ist aber wohl der Osterhymnus *Aurora lucis rutilat* (so auch BCD und die Drucke), A.h. 51, S. 89. Ob FICHARD eine Abkürzung nicht lesen konnte oder eine Überlieferungsvariante vorliegt, muss offen bleiben; da aber auch andere Varianten vorkommen, die sich nicht aus Abkürzungen erklären lassen, wird man eher den Schreiber des Liederbuchs verantwortlich machen. – I,4 Ps. 41,2. – II,2 *A solis ortus cardine* Weihnachtshymnus (aus dem Abecedarius von Sedulius) A.h. 50, S. 58. – II,4 *Iam lucis orto sidere* Hymnus zur Prim A.h. 41, S. 50. – III,1.3 Der Reim *krost : dorst* mag ungenau sein, es gibt aber auch eine mittelrheinische Form mit umgesprungenem *r*: *korst* (DWb. s.v. *Kruste*). – III,2 *Exaudi preces supplicum* ist die 4. Zeile der 1. Strophe des Adventshymnus *Conditor alme siderum*, A.h. 2, S. 35. – III,4 *Agnoscat omne saeculum* Weihnachtshymnus des Venantius Fortunatus A.h. 50, S. 85f. – IV,1/3 BISCHOFF vergleicht den Refrain von Carm. Bur. 204;[80] ein näherer Zusammenhang ist mir nicht erkennbar. – IV,2 *Te deprecamur supplices* Gebetsformel, auch in Hymnen gebraucht, aber nicht

loquium 1973, hg. von WOLFGANG HARMS und L. PETER JOHNSON, Berlin 1975, S. 164–186, hier S. 176: dort die Drucke DEF, die ich zur Unterscheidung von den Siglen der Handschriften mit Kleinbuchstaben bezeichne (def); vgl. auch KONRAD KUNZE, 'Venite lieben gesellen', in: ²VL 10 (1999), Sp. 233–235. Zum Druck f s. auch: EBERHARD NEHLSEN, Berliner Liedflugschriften. Katalog der bis 1650 erschienenen Drucke der Staatsbibliothek zu Berlin – Preußischer Kulturbesitz, Bd. I.1 (Bibliotheca bibliographica Aureliana 215), Baden-Baden 2008, S. 495, Nr. 1308 (hier fälschlich 11 statt 10 Str.). Die Fassung f ist abgedruckt von HOFFMANN VON FALLERSLEBEN in: Weimarisches Jahrbuch für Deutsche Sprache, Litteratur und Kunst 6 (1857), S. 53f. (Nachweis S. 51); vgl. auch Datenbank VD 16 (zv 15166, Bl. 33ff. mit Link zum Volltext). f wird von NEHLSEN auf um 1535, von VD 16 auf um 1540 datiert.
78 Nach J. L. FLOOD (s. GÄRTNER [Anm. 69], S. 168, Anm. 9).
79 Analecta hymnica, hg. von GUIDO MARIA DREVES, CLEMENS BLUME und HENRY MARIOTT BANNISTER, Bd. 1–55, Leipzig 1886–1926, Neudruck New York/London 1961 (im Folgenden zitiert A.h.); dazu 3 Bde. Register, hg. von MAX LÜTOLF, Bern/München 1978.
80 Vgl. Carm. Bur. (BISCHOFF I.3, S. 204).

eindeutig nachweisbar. – IV,4 *Christe qui lux es et dies* Hymnus zur Complet in der vorösterlichen Fastenzeit A.h. 51, S. 21–23. – V,2 *Procul recedant somnia* Beginn einer Strophe des Hymnus *Te lucis ante terminum* A.h. 30, S. 28 und 154 und A.h. 51, S. 42–44. – V,4 *In sempiterna saecula* u.a. Schlussvers der Mariensequenz *Stabat mater dolorosa*, A.h. 54, S. 312–318. – VI,1 *kante* 'Kanne' (auch mit Gleitlaut *d* oder *t*, vgl. Frühnhd. Wb.). – VI,2 Gemeint ist *Impleta gaudent viscera* (so auch BC) aus dem Pfingsthymnus *Iam christus astra* A.h. 51, S. 98–100; vielleicht ist die Variante *Impleta sunt nostra viscera* des FICHARD-Liederbuchs die selige Feststellung eines Trinkers oder die Warnung eines Besonnenen vor allzuviel Weingenuss. – VI,4 *Quis audivit talia (horribilia)* Ier 18,13, auch 3. Zeile der 2. Strophe von *Dies est laetitiae in ortu regali*[81]. – VII,2.4 Gemeint ist *Linguis loquuntur omnium Pavent turbae gentilium* Beginn der ersten beiden Verse der 3. Strophe des Pfingsthymnus zur Nokturn *Beata nobis gaudia* A.h. 51, S. 97. – VIII,2 *Veni redemptor gentium* Hymnus zu Weihnachten, später auch dem Advent zugeordnet, verfasst von Ambrosius von Mailand, A.h. 50, S. 13f. – VIII,4 *Fletus et stridor dentium* Mt 8,12. – IX,2 *Ligatus es ut solveres* Anfang der 4. Strophe des Hymnus *Rex Christe factor omnium* A.h. 51, S. 71f., gesungen zur Matutin in den letzten drei Tagen der Karwoche. – IX,4 *Vel tu cruciaris septies* nicht nachweisbar. – X,2 *Te lucis ante terminum* vgl. zu V,2. – X,4 *Non revertar in perpetuum* nicht nachweisbar; ohne die Negation wäre die Aussage auf Christus beziehbar. – XI,2.4 *Faeno iacere pertulit Praesepe non abhorruit* Anfang der 5. Strophe von *A solis ortus cardine* (vgl. II,2). – XII,2 Gemeint ist *Hic iacet in praesepio* (so C und die Drucke) aus der ersten Strophe der Weihnachtscantio *Puer natus in Bethlehem* A.h. 1, S. 163f., hier syntaktisch angeglichen. – XII,4 *Benedicamus domino* Abschluss der Messe in der Advents- und Fastenzeit, auch Abschluss der Cantio *Puer natus in Bethlehem*.

XLI (S. 262): Nicht abgedruckt. Es könnte sich, aus dem Incipit zu schließen, um eine Priamel handeln, vgl. die Initien bei KIEPE[82], wo sie allerdings nicht nachgewiesen ist.

XLII (S. 262): Reimpaarspruch mit Lebensregeln, die zum Teil auch anderweitig bezeugt sind:[83] 1–11 und 15f. auch in Frankfurt a.M., Universitätsbibl. Johann Christian Senckenberg, Ms. Barth 62, Bl. 1v;[84] 15f. und 19f. auch in Karlsruhe,

---

81   Das deutsche Kirchenlied von der ältesten Zeit bis zu Anfang des XVII. Jahrhunderts, hg. von PHILIPP WACKERNAGEL, Bd. 1, Leipzig 1864, Nr. 332.

82   HANSJÜRGEN KIEPE, Die Nürnberger Priameldichtung (MTU 74), München/Zürich 1984 ähnliche Anfänge S. 421–423.

83   Ein Teil der folgenden Nachweise stammt von SCHULZ-GROBERT, S. 196f.; weitere Hinweise gab mir Gisela Kornrumpf.

84   Abgedruckt von FRANZ ROTH, in: Anzeiger für Kunde der deutschen Vorzeit N.F. 2 (1855), Sp. 6f., 33.

Landesbibl., Cod. Donaueschingen 104, Bl. 203v;[85] 19f. auch am Schluss eines Liebesbriefs in der Erzählung 'Hero und Leander' V. 207f.;[86] 1f. auch in Nürnberg, Germ. Nationalmuseum, Hs. Merkel 2° 966 (Hs. des Valentin Holl), Bl. 153r;[87]

7f. Fällt ein wenig aus dem Rahmen. – 9 *vergut* = *vür guot*. – 11 Vor *rede* fehlt wohl ein Adjektiv: *vil, böß*? Jedenfalls ist es ein ironischer Rat. – 13f. Reim gestört. – 19 Lies *lieb haben*.

XLIII (S. 263): Das Lied[88] ist seinem Formanspruch nach bescheiden: als Grundform mag man nach Strophe VI entsprechend SITTIG (S. 63) ansetzen 3a- 3b | 3a-3b | 3c- 3d 3c- 3c-3d, durchwegs mit Auftakt. Aber diese Form ist vielfach gestört, lediglich die Zeilen 7 und 8 reimen immer aufeinander. Die Grundform wurde in Liedern des 15. und 16. Jahrhunderts öfter gebraucht, mal korrekt mal in den Kadenzen, mal freier, ohne dass ein Zusammenhang mit der 'Reduktionsform' von Hesellohers Lied IV und den auf diese Melodie gedichteten Lieder bestehen muss.[89]

Der Reim *bam* : *nam* könnte für eine bairische Vorlage sprechen.

Bemerkenswert ist das Motiv: Ein Käuzchen fühlt sich abgesondert von allen Vögeln, schwärmt aber für die schöne Nachtigall, obwohl es sich ihrer nicht würdig glaubt. Das Lied mag in irgendeiner Weise mit dem dreistrophigen Käuzleinlied in Forsters 'Frischen teutschen Liedlein' (III, 1549, Nr. 64, vgl. Nr. 11) in Sechszeilern (3a- 3b | 3a- 3b | 4c 3c) zusammenhängen, zu dem schon UHLAND die Motivparallele in FICHARDS Liederbuch vermerkt hat[90] und das im 19. Jahrhundert mit der Textfassung von 'Des Knaben Wunderhorn' (I, 1806, 233) erneut Eingang ins Liederrepertoire gefunden hat. Den Käuzleinliedern in Vierzeilern ist die Begegnung mit der Nachtigall fremd.[91] Formbesserungen schlage ich nur dort

---

85 Abgedruckt in: Lieder-Saal 3, S. 107, V. 13f. und 5f.

86 Ausgabe: Lieder-Saal 1, S. 340.

87 S. DIETER H. MEYER, Literarische Hausbücher des 16. Jahrhunderts. Die Sammlungen des Ulrich Mostl, des Valentin Holl und des Simprecht Kröll (Würzburger Beiträge zur deutschen Philologie 2), Würzburg 1989, Bd. 1, S. 240.

88 Vgl. auch SITTIG, S. 323–325.

89 Texte und Melodien zur Wirkungsgeschichte eines spätmittelalterlichen Liedes (Hans Heselloher 'Von üppiglichen dingen'). Hg. von MICHAEL CURSCHMANN (Altdeutsche Übungstexte 20), Bern 1970, S. 123f.; FRANK, S. 683–685.

90 UHLAND, Schriften IV, S. 22; nach FORSTER auch ERK/BÖHME II, Nr. 432a.

91 Die Darfelder Liederhandschrift 1546–1565, unter Verwendung der Vorarbeiten von ARTHUR HÜBNER und ADA-ELISE BECKMANN hg. von ROLF WILHELM BREDNICH (Schriften der Volkskundlichen Kommission für Westfalen 23), Münster 1976, Nr. 29, Nachweise S. 216f.; Die Handschrift des Grafen Manderscheid, Berlin, SBB-PK, Ms. germ. qu. 1872, Bl. 46rv ist 7strophig; Het Zutphens Liedboek. Ms. Weimar oct. 146, hg. von H. J. LELOUX, Zutphen 1985, S. 64f.; JOS HOUTSMA, 'Ich armes küsselinn klein'. Het lied van het uiltje in zestiende-eeuwe lidboekjes en elders, in: Queeste 12 (2005), S. 47–58; ders., De stem en de pen. Het Hs. Weimar Oct 146 (het Zutphens Handschrift) en de veranderlijkheid van populaire liederen, in de zestiende eeuw en later, Diss. Nijmegen 2012, S. 271–280.

vor, wo ich glaube, relativ überzeugende Lösungen gefunden zu haben: I,3 *wont* =
mhd. *wânde*. – I,3–8 Vielleicht ein Nebenbuhlermotiv; es muss sich aber nicht um
den in Str. VII erwähnten Falken handeln. – I,6 Reim gestört, lies *Den* [d.h. *den
bam*] *must ich rumen bald*? – I,8 *über last* 'belastet'. – II,1 Sinn? – II,5 *Das* =
Des. – III,1.3 Lies *gleste : weste*. – III,6/9 Lies *hag : manchen tag*? – III,7 Tilge
mut. – IV,1 *herre*] lies *her*. – IV,1 Lies *geswungen* oder *gedrungen* im Reim auf
gelungen? – IV,2 *dail* = *tal* (gegen FICHARDs Anmerkung). – IV,5 Lies *Sie hielt
sich by mir stete*? – IV,7f. 'Sie täte ungern etwas anderes, als das, worum ich sie
bäte'.

V,4 Lies *gut gedanck*? – V,7 Tilge *aller*. – V,8 Tilge *gantzen*. – VI,7f. Lies
'Selig sy die stunde' So gets usz yrem munde? – VII,3 Lies *wol begirick*. – VII,5f.
SITTIG sieht darin (nicht unbedingt überzeugend) ein Aufgreifen des Nebenbuh-
lermotivs von I,3–8. – VII,6/9 Reim gestört. – VII,8 Tilge *gantzen*.

XLIV (S. 265): Das Lied[92] handelt in den Aufgesängen ernsthaft von Liebe: Ein
Blümlein, zu dem sich das Ich *gesellet* hat, zeigt verschiedene Farben. Das wird
durch sechs Farben mit Klagen, Dienstversprechen und Preis durchgespielt. Stark
im Gegensatz dazu steht der lebhafte Refrain mit *He*-Rufen und Wortwiederho-
lungen (*schlag schlag schlag uff mit Freuden*, nach Petzsch eine Aufforderung an
den Musikanten); stammt er aus einem anderen Lied, vielleicht einem Tanzlied?[93]
Denkbar wäre auch, dass das Lied eine Art Gesellschaftsspiel war, bei dem jeder
Teilnehmer auf eine gewählte oder vorgegebene Farbe aus dem Stegreif eine
Reimzeile erfinden sollte (die auch mal uncharmant sein konnte, vgl. unten Stro-
phe 4 der Admonter Variante).

Form des Aufgesangs: 3a- 3b | 3a- 3b, die erste und dritte Zeile bleibt durch
alle Strophen gleich; die b-Reime in den Strophen IV, V und VII ungenau. Der
Refrain besteht aus zwei rhythmisch nicht eindeutigen Zeilen ohne Reim – sind
He he und zweimal (statt dreimal) *Schlag schlag* als ganze Takte zu werten, sind
sie gerufen? In diesem Fall blieben zwei Dreiheber übrig. – und zwei reimenden
Dreihebern.[94]

92   Aufgenommen in Uhlands Volkslieder, Nr. 53; dazu Anmerkungen in Uhlands Schriften IV,
     S. 48. Ferner in: Des Knaben Wunderhorn. Alte deutsche Lieder gesammelt von L. A. V. AR-
     NIM und CLEMENS BRENTANO. Vierter Theil […] Nach A. V. ARNIM's handschriftlichem
     Nachlaß hg. von LUDWIG ERK (in zeitgenössischer Orthographie nach FICHARD). Vgl. auch
     Uhlands Schriften III, S. 430–439; WACKERNAGEL, S. 224; SITTIG, S. 228f.
93   PETZSCH, S. 224–233, bes. S. 227.
94   Die Melodie bei BÖHME, Nr. 144, S. 241, ist eine rhythmisierte Variante derjenigen Melodie,
     die BÖHME dem Lied 'Vom geistlichen Mai' (PHILIPP WACKERNAGEL, Das deutsche Kir-
     chenlied, Bd. II, Leipzig 1867, Neudruck Hildesheim 1964, S. 634, Nr. 822; vgl. KARIN
     SCHNEIDER, 'Von einem geistlichen Mai', in: ²VL 2 [1980], Sp. 1167f.) beigegeben hat. Dort
     hat er sie dem 'Schlesischen Singebüchlein' Valentin Trillers (1555, ²1559) entlehnt, der sie
     zu einem Lied "auff die notten des alten meye" (Text WACKERNAGEL [wie oben] Bd. IV, Nr.
     86). Über ERK/BÖHME II, Nr. 388, S. 199f., bei dem diese Herkunft nicht mehr erkennbar ist,
     scheint das Lied im 19. Jahrhundert populär geworden zu sein, u.a. durch einen Satz von Wal-
     ter Rein.

VI,4 UHLAND erwog *min herz ‹das›*. – VII,4 UHLAND erwog *ich hof, daß mir nit fel*.

Eine fragmentarische Version dieses Liedes ist Gisela Kornrumpf durch Hans Ulrich Schmid bekannt geworden. Zwei Fragmente waren in Admont, Stiftsbibl., Cod. 617 auf die Innenseiten des Einbands geklebt. Es handelt sich vorn um einen unteren und hinten um einen oberen Teil eines Blattes. Dass beide Teile ursprünglich ein Blatt bildeten, lässt sich nicht ausschließen, aber dann müsste in der Mitte etwas verloren sein. RICHARD NEWALD hat die Handschrift 1927 in Admont für das Berliner Handschriftenarchiv beschrieben und die zwei damals sichtbaren deutschen Liedtexte in abgesetzten Verszeilen transkribiert. Das Lied vorn – inc. *Der svmer will von hinnen* – entpuppte sich als ältere Variante eines bekannten Liedes,[95] das Lied hinten – inc. *Gesegen dich got mein höchster hart, der segen sey pey dir* – kann ich anderweitig nicht nachweisen. 1957 wurden die Blattfragmente bei der Restaurierung abgelöst. Auf der Klebseite des vom Rückendeckel abgelösten Fragments stehen nur Noten. Auf der arg mitgenommenen Klebseite des vom Vorderdeckel abgelösten Fragments steht in gröberer Schrift eine Variante unseres Liedes. Was Kornrumpf entziffern konnte, folgt hier (Abkürzungen in runden Klammern aufgelöst, Zeilenende durch | markiert, Unlesbares durch :: angedeutet):

```
1      Jch han mich czu gesell(et)
       Czu aine(m) plumlein weys
       Dz mir ga(r) wol gefell(et) |
       Jch dien:: ir mt ganczem fleys/
  5    ey waru(m)b sol ich traur(e)n
       ya rüret mich d(er) | ‹ma›y
       Slach slach mir auff mein dru(m)mele
       mein traur(e)n ist enczway |


2      Jch han mich etc. :::‹r›at
       dz mir vt ‹supr›a
       sy hilfft mir aus all(er) nat

       ey waru(m)b vt ‹supr›a


3      Jch han mich vt ‹supr›a prawn /
       dz mir vt ‹supr›a
       es hat mich nie gerawn
       ey vt ‹supr›a
```

---

95 Volks- und Gesellschaftslieder des XV. und XVI. Jahrhunderts. 1. Die Lieder der Heidelberger Handschrift Pal. 343, hg. von ARTHUR KOPP (DTM 5), Berlin 1905, Nr. 86; Bergreihen. Eine Liedersammlung des 16. Jahrhunderts mit drei Folgen, hg. von GERHARD HEILFURTH, ERICH SEEMANN, HINRICH SIUTS und HERBERT WOLF (Mitteldeutsche Forschungen 16), Tübingen 1959, I,3.

4   Jch vt ‹supr›a plab
      dz mir vt ‹supr›a
      sy macht mich alt vn(d) grab
      ey vt ‹supr›a

5   Jch ha(n) ::::::::

XLV (S. 267): Obszönes Schwanklied:[96] Der Vater ist aus dem Haus, Mutter und Tochter empfangen einen Mönch, und die Tochter schläft mit ihm. Die Form ist wohl so zu verstehen, dass in den wenigen fortschreitenden Zeilen sowohl 3a- wie 4a möglich sind: 3-/4a $3x_1$ 3-/4a $3x_2$[97]- **4b 4b** *He He*[98] $3x_1$. Wenn man Vers 4 als mit zweisilbig männlicher Kadenz auffasst, kann man die ersten vier Verse als Langzeilen verstehen.

Dominant ist der Refrain, der z.T. schon zwischen die fortschreitenden Zeilen geschoben ist: *Hie wollen wir iagen usz* – kein inhaltsbezogener Sinn, allenfalls eine vage Assoziation von Ausbrechen aus den Konventionen. *Von herr dielmans wegen* – "eine im 15. und 16. jh. sehr geläufige redensart"[99], ihr genauer Sinn ist dunkel. Das DWb. erklärt *Dilmann* als 'ein alberner thörichter mensch, ein gauch'.

Zum fortschreitenden Text: I,1 Lies *Es ‹wolt›*. – I,6 *Henchen* könnte die kleine Hanna bedeuten (Name des Mädchens?), Belege für *Narrenschuh* im DWb. – II,1 *Er* = *ein münchlin* = *her dielmann*? – III,1 und 3 *lanck* = *lanckt*. – IV,1ff. *das lange*, das am Kaminfeuer in die Asche hängt, muss wohl der Penis des Mönchs sein. – IV,3 *lanck* lies *schanckt*? Aber vgl. XL,3,1 und die Parallelüberlieferung zu XL,4,1. – VI,1 und 3 *messer* und *scheide* sind wohl Euphemismen für den Penis. – VII,3 Lies *unter die deck*?

XLVI (S. 269): Abschied eines Knechts, durch Blattverlust am Ende vermutlich unvollständig. Die Form entspricht Königsteiner Ldb. Nr. 59 (4a 3b- 4c 2c 3b-), nur dass hier ganz unregelmäßig gereimt wird, ohne dass es inhaltlich Grund zum Eingreifen gibt. Auch Lied LIV in FICHARDs Liederbuch entspricht dieser Form, allerdings ohne den Refrain und mit anderer Reimfolge.

Str. I: Spricht diese Strophe ein Freund oder Mitknecht? – Str. II: Grund des Abschieds: die Herrin hat einen anderen Knecht genommen. – Str. III: Rede des Knechts an die Herrin; *flyschen* = mhd. *vlîzen*. – Str. IV: Fortsetzung, Erinnerung an den ausstehenden Lohn. – IV,3 Verszeile zu kurz. – IV,5 Lies *Kümpts ‹nit› darzu*…? – Str. V: In den Kontext nicht ganz passende Kritik an den Bauern beim

96   Vgl. auch SITTIG, S. 355f.
97   Verschieden von x_1.
98   Vgl. PETZSCH, S. 227.
99   Sebastian Brant, Narrenschiff, hg. von FRIEDRICH ZARNCKE, Leipzig 1854 (Neudruck Darmstadt 1964), S. 337.

Tanz unter der Linde, klingt eher wie der Anfang eines neuen Liedes; aber wegen des Blattverlustes ist nichts zu entscheiden. – V,1 *trülpen* ist in beiden Mhd. Wörterbüchern[100] nur mit dieser einen Stelle nachgewiesen, als Bedeutung wird 'plump spielen' mehr vermutet als belegt; wahrscheinlich ist es mit *trolpen/trölpen* identisch, das im DWb. auch nicht wirklich erklärt wird.

XLVIa (S. 270): Nach Verlust von zwei Blättern Schluss eines Liedes.

XLVII (S. 270): Ein locker gefügtes und stark zersungenes Lied über Liebe und Geld aus je zwei endgereimten Langzeilen, der Hälfte des Hildebrandstons.[101] In Strophe I bis IV und XI spricht ein Ich, das mangels Geld seinen Buhlen verloren hat. Von Strophe V bis X Andeutung einer Handlung: Zwei gehen zum Tanz, er wirbt um sie, er zieht ein goldenes Ringlein von seiner Hand. ERK/BÖHME (II, S. 287) vermuten, dass zwei Lieder zusammengeschoben sind: "Str. 1–4 und Str. 11 handeln vom verlorenen Lieb. Aber Str. 5–10 und 12 von Verlobung beim Tanze. Man kann Str. 5–10 als Episode betrachten, darin die Gelegenheit zur Treulosigkeit erzählt wird." Neben Verlobung und späterem Bruch gibt es vielleicht noch eine weitere Möglichkeit, den Zusammenhang zu verstehen, vgl. unten zu VIII,3. Beide Teile sind jedenfalls durch wörtliche Wiederholung ganzer (Halb-)Zeilen ähnlich stilisiert.

I,1 Lies *Es get*; tilge *da her*? – IV,3f. 'Sie werden sichtbar, wenn dein roter Mund ‹nicht?› Liebe zeigt'? UHLAND fasst *lieb* als Anrede auf. Kornrumpf erwägt *Schafft lieb ein roter munt*. – VI,4 UHLAND konjiziert *nahe dir bi*. – VII,4 Euer Besitz passt nicht zu Eurem Aussehen? – VIII,3f. Wenn man annimmt, dass die Verbformen *nement* und *sehent* ursprünglich einen Irrealis bedeutet haben (nhd. nähen, sähen) – wegen des auslautenden *t* müsste man auf ein Missverständnis gegenüber der Vorlage schließen –, könnte die Werbeszene einen spezifischen Sinn bekommen: Er ist mittellos (vgl. II,4), vermutet aber, dass sie wohlhabend ist; sie ist jedoch ebenfalls mittellos. – IX,2 *findelin* 'Findling'. – IX,3f. Antwort der Frau auf die Unterstellung, sie sei (nach dem Gerede der *falschen zungen* von III,1?) ein Findling. – X,4 Lies *gedenck*. – XII,1 *dail* = *tal*. – XII,2 Lies *Die ruffent ‹uch,› iungfrauw, an*? UHLAND hat durch Kommata *jungfrauw* ebenfalls als Anrede markiert; in der Abhandlung merkt er an: "im Volksliede sollen sie [die Rosen] noch bestimmter das Gewissen der Liebe, die Treue, wach erhalten."[102]

100 BMZ III, S. 122; LEXER II, Sp. 1544.
101 Vgl. FRANK, S. 106–114. Aufgenommen in Uhlands Volkslieder Nr. 36; die letzte Strophe zitiert in Uhlands Schriften III, S. 428 (dazu Nachweis S. 528); Anmerkungen in Uhlands Schriften IV, S. 36f. Nach UHLAND in: BÖHME, Nr. 156, S. 251f. und ERK/BÖHME Nr. 464; vgl. auch SITTIG, S. 294.
102 UHLAND, Schriften III, S. 428 mit Anm. 215 (S. 524).

XLVIII (S. 272): Ein in sechs Handschriften bis ins 16. Jahrhundert verbreitetes Lied, das im 'Augsburger Liederbuch' (München, Bayer. Staatsbibl., Cgm 379, Bl. 119v−120v), zweifellos zu Unrecht, dem *Wolckēstaiñer / Walckēstain^s* zugeschrieben wird.[103] Abbruch hier in der zweiten Strophe, der Rest des Blattes unbeschrieben.

XLIX (S. 273): Da von *zysselmuer* die Rede ist, darf man annehmen, dass es sich um ein Lied der Neidhart-Tradition gehandelt hat. Leider hat FICHARD nur die Anfangszeilen abgedruckt. In der Salzburger Neidhart-Ausgabe fehlt ein Hinweis darauf.[104]

L (S. 273): Lied über einen Konflikt innerhalb der zu dieser Zeit noch lockeren Schweizer Eidgenossenschaft, den alten Zürichkrieg oder Toggenburger Erbschaftskrieg,[105] aus Sicht der Gegner Zürichs, datierbar auf 1443. Die Aufzeichnung ist in der Handschrift in Strophe XVI abgebrochen, der Rest der Seite ist leer. Das Lied wurde nach FICHARDs Abdruck mit historischen Erläuterungen und einigen (z.T. problematischen) Besserungen hg. von LILIENCRON,[106] der das Lied für eine Antwort auf das Lied Isenhofers[107] hält.

Zur Form: Die 2., 4. und letzte Zeile der Strophe ist ziemlich regelmäßig außer in Strophe IX dreihebig männlich. Bei den übrigen Zeilen scheint der Wechsel zwischen dreihebig weiblich und vierhebig männlich frei zu sein. Das Gesamtschema lautet also 3-/4a 3b | 3-/4a 3b | 3-/4c 3-/4c 3-/4c 3b. Mit zwei Dreifachreimen ist dies keine ganz anspruchslose Form; sie ist aber mehrfach gestört, teilweise sicher durch die flüchtige Aufzeichnung, vielleicht ist aber schon der Autor mit einer vorgegebenen Form frei umgegangen. Ohne Kadenztausch entspricht der Form Königsteiner Ldb. Nr. 109 (S. 160f. und 355).

I,3 *wert = wirt*; Reparationszahlungen der Zürcher? *ware = zware.* − I,4 Lies mit unreinem Reim *entbiet*? Jedenfalls ist wegen des Dreifachreims eher hier zu

103 Abdruck mit allen Fassungen in: Oswald v. W., Nr. 128.

104 Salzburger Neidhart-Edition (SNE), hg. von ULRICH MÜLLER, INGRID BENNEWITZ, FRANZ VIKTOR SPECHTLER, 3 Bde., Berlin/New York 2007.

105 Vgl. ULRICH MÜLLER, FRIEDER SCHANZE, 'Toggenburger Erbschaftskrieg' in: ^{2}VL 9 (1995), Sp. 962−964. Neuere Literatur zum Krieg (ohne Erwähnung des Liedes): HANS BERGER, Der Alte Zürichkrieg im Rahmen der europäischen Politik. Ein Beitrag zur "Außenpolitik" Zürichs in der ersten Hälfte des 15. Jahrhunderts, Zürich 1978; ALOIS NIEDERSTÄTTER, Der alte Zürichkrieg. Studien zum österreichisch-eidgenössischen Konflikt sowie zur Politik König Friedrichs III. in den Jahren 1440 bis 1446 (Forschungen zur Kaiser- und Papstgeschichte des Mittelalters 14), Wien/Köln/Weimar 1995; Ein "Bruderkrieg" macht Geschichte. Neue Zugänge zum Alten Zürichkrieg, hg. von PETER NIEDERHÄUSER und CHRISTIAN SIEBER (Mitteilungen der Antiquarischen Gesellschaft in Zürich 73), Zürich 2006.

106 LILIENCRON, Nr. 80, dazu Einleitung zu Nr. 79. Danach Schweizerische Volkslieder mit Einleitung und Anmerkungen hg. von LUDWIG TOBLER (Bibliothek älterer Schriftwerke der deutschen Schweiz 4), Frauenfeld 1882. Seither knapp behandelt von MÜLLER, S. 234.

107 ULRICH MÜLLER, Isenhofer, in: ^{2}VL 4 (1983), Sp. 424f.

bessern als in der zweiten Zeile, wo L(iliencron) eingreift. – II,1 Ratgeber der Zürcher im Landadel. – II,5 L. konjiziert *erdennen* und merkt an "wo sie sich zerdehnen, die Beine ausrenken, um den Herren nachzulaufen". Denkbar wäre vielleicht auch *verkennen*. – II,7 Lies *Die eitgnossen nit kennen?* – III,4 Lies *gan* (L.). – IV,3 *abetreuen* 'durch Drohungen zunichte machen'. – IV,4 *mit der hut* 'mit eurem Leben'?. – V,1 *west = wescht*, vgl. DWb. *waschen* Sp. 2233 (f). – V,6 *einen bloßen legen* dürfte aus der Fechtersprache stammen und bedeutet 'sich eine Blöße geben' (DWb. 2, Sp. 147). – VI,7 *grin*, L. konjiziert *griez*. – VII,1.5 *treuwen* 'drohen'. – VII,3 *sich ... zu uns löten* hier 'sich mit uns verbinden'. – VII,4 Ungenauer Reim. – VII,5 Lies *Wem?* – VII,5ff. Eine Zeile mit Reim auf *-oszen* fehlt. – VII,6f. Bezieht sich wohl auf die Erfolge der Eidgenossen; lies *han‹ts›*: 'haben sie verändert und von vielen Herren befreit'. – VIII,3 L. konjiziert *des tummen rates mein*; zur Ergänzung des Reims würde auch *der tumme rat allein* genügen. – VIII,7 Für *einen* lies *eim?* – IX,5 L. konjiziert *das wilde spil* und merkt an "Vielleicht hieß es: *ob sich erhebt das widerspil.*" Gemeint muss wohl sein: wenn es zu erneutem Kampf kommt. – IX,7 L. merkt an: "etwa: *biß es den Zürchern wurd ze vil.*" Abwegig TOBLERs Anmerkung: "*wurde* 'Würde, Ansehen, Stolz'. – X,2 *gebeiten = gebîten* 'warten', hier 'stunden'; so sicher auch im Original, die Diphthongierung könnte aus einer diphthongierenden Vorlage stammen. – X,3.7 Lies *ürte* 'Zeche'. – X,7 L. konjiziert *biß im kumt der irten zit*; möglich auch *Der ürten er ‹vil› wol gebyt*. – XI Geht die Strophe auf die Verluste der Eidgenossen oder auf den Verlust der Zürcher als Eidgenossen? – XI,3 L. bessert: *ir sülnts zûm geringsten wegen*. – XI,5–7 Nicht ganz reiner Reim, ist in 6 *gesunde* anzusetzen (mit epithetischem *e*) und in 7 *stunden*? Oder ist eine Form *enbund* 'entbunden' möglich? – XI,6 Wohl 'der *entschlossen* (so ist zu lesen, d.h. der nicht mehr fest im Fass eingeschlossene) Wein ist nicht gesund'. – XI,7 *gewerret = gewert*. – XII,4 Die Eidgenossen gelten als Bauern (und werden von Isenhofer als Bauern bezeichnet). – XII,5f. Von L. als Anspielung auf die Standeserhöhung von Bürgermeister Rudolf Stüssi verstanden, aber auch generell verstehbar; *koppen* 'plötzlich steigen'. – XII,7 Ungenauer Reim. – XII,8 *pfawen swanz* 'feine Kleidung', hier wohl 'feines Getue'. – XIII L. erklärt im Vorspann: "Sonst brauchten die Zürcher kein Geleit, wenn sie aus den Thoren zogen; aber jetzt tragen ihre Kaufleute Contrebande bei sich, darum bedürfen sie österreichischen Schutzes." – XIII,9 *dreyt* es fehlt ein Reim auf *tagen/ traben: traget?* – XIV,3 L. konjiziert *von Berne die vil wisen.* – XIV,4 *Solitory* vielleicht verlesen für *Solitorn* 'Solothurn'. – XIV,5–7 Reim gestört. – XV,1 L. stellt aus Reimgründen um: *Von Zug von Swiz von Luzern.* – XV,3 *Ursuren*, L.: *Ursern*: Andermatt (L.). – XV,4 *habent hertte hüt* 'sind wagemutig'. – XV,6 L. konjiziert pleonastisch *türrents wagen balde*; lies lieber *Dörfentz.* – XV,7 Ungenauer Reim.

LI (S. 278): Liebesbeteuerung und Bitte um Gegenliebe, 3 Strophen. Form (nach Strophe 2 und 3): 4a 4b | 4a 4b | 4c 4d 4c 4d. In Strophe I ist der b-Reim gestört und der c-Reim identisch mit dem a-Reim.

I,2–5 Ist das Reimwort von 4 in der Zeile 5 erhalten? Möglich wäre etwa *Dir eigen gar on alle rüw Des selben glichen bit ich dich Und dir versprich gantz fruntlich trüw, So wer wir beide freuden rich.* Dann wäre wenigstens eine der formalen Schwierigkeiten der ersten Strophe beseitigt. – II,2 *Das = Des.* – III,3f. Wiederholung des Motivs von II,7. – III,5ff. Sprecherwechsel, Rede der Frau? *geselle* kann aber auch als Anrede für Frauen gelten. – III,6 Lies *gün*, es fehlt ein Reim auf *-on.* – III,7 Nach *nit* Komma oder Rufzeichen.

LII (S. 279): Lied von einer Fischerin, die ihren Mann ins Heu schickt, damit sie sich mit einem Liebhaber treffen kann; aber der Mann kommt überraschend zurück. Das Lied ist der älteste Beleg für das Lied 'Frau Fischerin',[108] freilich in einer Kontamination mit dem Lied vom Bauern im Heu, wofür dies ebenfalls der früheste Beleg zu sein scheint.[109] Form: 3-/4a 3b 3-/4a 3b **3c** (Refrain 3mal wiederholt). In der vorletzten und letzten Strophe ist der Refrain variiert. In Strophe II, IV und VI sind die a-Reime gestört, in der Strophe IV ist er ungenau; waren die a-Reime von vornherein ad libitum?
    I,1 Lies *Es.* – I,4 Lies *glück und mee?* – Refrain: Lies *schickt*; *he/hee*, durchweg so geschrieben, regionale Variante? – VI,5 Die drittletzte Refrainzeile ist wohl nach den beiden letzten zu korrigieren.

LIII (S. 280): Lehre für einen jungen Edelmann, beginnend mit einem Natureingang, endend mit einem Gruß an die Geliebte.[110] Anders als SEIBERT und BUCHMANN[111] halte ich für möglich, dass diese Lehre sarkastisch gemeint ist, um die Zustände anzuprangern; der Spott auf die Bauern, der an die Neidhart-Tradition erinnert, spräche dann dafür, dass das Lied von einem Außenstehenden verfasst wurde. Form: 3a- 3b | 3a- 3b | 4c 3/4x 3/4c, Variante einer beliebten Strophenform[112] mit Kadenzfreiheit und vielen unreinen Reimen. Vorlage vielleicht diphthongierend, vgl. *belaubet : buer* (lies *bauer*) und unten zu II,4.

108 DIETRICH SCHMIDTKE, Eine neuentdeckte frühe Fassung des 'Liedes von der Fischerin', in: Jahrbuch für Volksliedforschung 21 (1976), S. 164–178; FRIEDER SCHANZE, 'Frau Fischerin', in: ²VL 11 (2004), Sp. 455f.

109 FORSTER II,25; vgl. Marriage (ed. FORSTER), S. 230f.; PETZSCH, S. 234–246, bes. S. 236f.; SUSANNE FRITSCH-STAAR, Unglückliche Ehefrauen. Zum deutschsprachigen *malmariée*-Lied (Philologische Studien und Quellen 134), Berlin 1995, S. 214–217, vgl. auch ebd., S. 69 Anm. 283 und S. 321.

110 Aufgenommen in Uhlands Volkslieder als Nr. 134; Anmerkungen in Uhlands Schriften IV, S. 159; nach UHLAND in: ERK/BÖHME, Bd. II, S. 23f. Nr. 236. Vgl. auch (mit Übersetzung) KIEPE, S. 234f.

111 PETER SEIBERT, Aufstandsbewegungen in Deutschland 1476–1517 in der zeitgenössischen Reimliteratur (Reihe Siegen 11), Heidelberg 1978, S. 130f.; BERTRAND MICHAEL BUCHMANN, Daz jemant singet oder sait... Das volkstümliche Lied als Quelle zur Mentalitätengeschichte des Mittelalters, Frankfurt a.M. u.a. 1995, S. 171–175.

112 Vgl. FRANK, S. 528–530.

I,1 Lies *entlaubet*, vgl. I,5 (*wintters zorn*) und II,6 (der Bauer fährt eher im Winter in den Wald), deutlicher Anklang an ein verbreitetes Lied;[113] dass der entlaubte Wald *grün* genannt wird, mag ein stereotypes Epitheton sein. − II,4 *ban* eher bairisch *bam* 'Baum' als 'Geldstrafe, Tribut' (FICHARD) oder 'Bannwald' (UHLAND). − II,7 *frieszlich* eher *frischlich* als *freislich*. − III,1 In der Vorlage vielleicht *Derwüsch* = *Erwisch* (vgl. UHLANDs Anm.). − III,6 *nummen* 'nicht mehr'. − III,7 UHLAND konjiziert *dgurgel*. − IV,3 *schannen* = *schanden*. − IV,7 Lies *dünckt*. − V,1 *mympt* lies *nympt*. − V,3 Reim aus V,6 übernommen, lies *wol bekannt*? − V,4 Lies *ferre swantzt* oder *fürt ein swantz*? Kiepe übersetzt "dieser Ferkelschwanz". − V,5 UHLAND konjiziert *die dörpel dreppeln hinten nach*, *dreppeln* wäre wohl als *trippeln* zu verstehen. − VI,2 'Auf den habe ich es abgesehen'.

LIV (S. 282): Inhaltlich beginnt das Lied mit einem freudigen Winternatureingang, wie man ihn von einigen Neidhart-Liedern kennt. Erst im Refrain kommt das Hauptthema zur Sprache: der Annäherungsversuch an eine *stoltze schriberinne*, von der das Ich gern schreiben lernen möchte.[114]

Formal sind nur die ersten beiden Strophen in Ordnung, wenn man in der zweiten Strophe die Reime *geling : schriberin : syn* und die verbreitete Form *leren* 'lernen' für *lernen* gelten lässt. Ungewöhnlich ist der Kurzvers, der eine Stollenwiederholung zu unterbrechen scheint; doch dürfte das Lied eher durchkomponiert gewesen sein: 3-/4a 3-/4b 3-/4a 2a 3-/4b- **2c 2c 3x-** (oder 3-/4b). Ähnlich der Form ohne Refrain ist XLVI.

Nach einem Vorschlag von Gisela Kornrumpf wäre es auch möglich, alle vier Strophen mit dem Refrain zu verbinden, wenn man die Reimfolge für irrelevant hält und etwa in III,4 schreibt *Wenn sie mirs lat*, in IV,2 *Lesen musz er künnen ‹e›*, IV,4 verkürzt zu *Das fint man im a b c []* und die Zeile IV,5 nach *e* bricht. Der rührende Reim IV,2 : 4 wäre wegen verschiedener Bedeutung erlaubt.

Einen Alternativ-Vorschlag bietet KIEPE[115]: Wenn man variierten Refrain annimmt, kann man III,1 noch zu II rechnen und IV,1 noch zu III; in I würde *schriberynne* auf *wintter* und *kinder*, in II würde *gerne* auf *lernen* und *geweren*, in III *künde* auf *gunden* und *funden* reimen; allerdings wäre die Reimfolge in III abweichend: a a b- c c b-. In diesem Fall wäre nur die letzte Strophe verderbt.

I,8 *hertze* früher Beleg für *herz* als Adjektiv, vgl. DWb. − III,3−7 Wohl erotisch gemeint, vgl. die Redensart 'jeder Topf findet seinen Deckel'. − IV,1 Lies *Ob ich‹s› vermachen kunde* 'wenn ich es verschließen könnte' (d.h. im Koitus). − IV,5 *zers* 'Schwanz, Penis'.

---

113 Vgl. Lochamer-Ldb. Nr. 16.
114 Vgl. HERCHERT, S. 124f.
115 Diese Variante nach dem Vorschlag von KIEPE, S. 264. Die Strophenform entspricht dem Krämerlied der Maria Magdalena im Osterspiel Carm. Bur. 16* (BISCHOFF S. 152, VOLLMANN S. 826), das den Kurzvers mit der folgenden Zeile verbindet.

LV und LVI (S. 283): FICHARD hat diese Lieder nicht abgedruckt mit der S. 200 wiedergegebenen Begründung. Bei LILIENCRON fehlen beide Lieder, LILIENCRON hat aber eine Abschrift von FRANZ ROTH, die ihm zu spät für seine Ausgabe zugegangen war, STEIFF-MEHRING (St.-M.) zukommen lassen, die beide Lieder als Nr. 3 und 4 ihrer Ausgabe abgedruckt und erläutert haben. Danach wiederhole ich sie hier buchstaben- und interpunktionsgetreu. Wo ich eine andere Auffasung vom Textverständnis habe, kommentiere ich. Wie zuverlässig dieser Abdruck ist, weiß ich nicht; ein Vergleich der Überschriften zeigt, dass zumindest mit Normalisierung der Schreibung zu rechnen ist. Der Überfall von Württemberger Rittern auf Ulmer Kaufleute bei Süßen im Filstal, der den Liedern zugrunde liegt, wird von Steiff-Mehring in komplizierter Argumentation auf 1440/41 datiert.

LV. Triumphlied der Württemberger Ritter

"Ein litlin von den richstetten."

I   Es nahet gein der sumer zit,
dar an uns můt und freuden lit,
die fogel singen wieder strit,
das schaft der mei;
5   mit sinem geschrei.
Nun freu dich, lei!
gůt wird din rei.

II   Da sprach der Wirtenberger gůt:
"het ich ein rüter wol gemůt,
der mir erzörnt das buwirs blůt,
so sech man wol,
5   daß geleit und zol
den buern nit sol;
sie sint zů vol."

III   Sie fingent ferent ein armen knecht,
dem mocht nit gen kein glich noch recht;
das ist noch nit im herzen slecht:
sie werdenz gewar,
5   sie bezalens bar.
Ein kleine schar
sie schendenz gar!

IV   Stig in taschen ist sin nam,
er ist den buern im herzen gram.
Ulm, du lidest spot und scham!
Du dutzest sere

5   der edelen ere;
nun důs nit mer
und sprich: gnad herr!

V   Conrad von Helmstat das vernam,
Zů sinen fründen er rennen kam;
auch Hans von Uwerbach hört an, stam:
"zwar ich nit mid,
5   ich trag in nit,
biß ich verschnid,
wie ichs erlit."

VI   Heinz Schillink, Sifrit von Zülhart
ungenetzet scherent sie den bart
in einem, der heißet der Renwart;
er rit im wind
5   mit des henkers kind
und ist so geschwind
mit des tüfels gesind.

VII   Darumb so hůt dich, rüters knab,
daß dich der Renwart nit enhab!
der kauflüt bütel du fürbaß schab;
als du důst, er
5   det dir; dů es me!
es důt nit we
für wind und snee.

VIII   Nu hörent, ir ritter und ir knecht:
Ulm wart uch nie so recht,
hauwent drin! es wird wol slecht;
der Ulmer buer
5   der ist nit suer
den in siner muer,
der rechte luer.

IX   Ach Wirtenberg, nu sich in zů,
so gewinnen sie noch rast noch růg
und behebent weder kalp noch kůw,
und bis so kerz
5   und hab ein herz!
la gan den scherz
so geschicht in smerz.

X   Die rüter trapten in ein halt,
        der morg was frisch und kalt,
        sie frauwten sich gar manigfalt,
        als ich bedüt,
    5   der Ulmer lüt,
        der soldener hüt
        und auch der büt.

XI   Sie wanten sie gar frischlich an
        und hůben sich schnell uf die ban,
        seck mit gulden sie in abgewonnen:
        "Junker min,
    5   nun wil ich gern sin
        gefangen din,
        nu über Rin!"

XII   "Din junker bin ich iez alhie;
        zů Ulm sprachst du mir junker nie,
        din duzgesel was ich ie und ie.
        Nun hab dir das!
    5   ich schlag dich baß!
        da ich zů Ulm saß,
        din narr ich was."

XIII   Burkart Stormfeder was da bi,
        Schönleber schrei auch die kri:
        "nüz laß wißen recht, wie im si
        der richstet breng
    5   mit glanz getreng!" –
        ein acker leng
        wart in zů eng.

XIV   Der Kistenfeger ist ein gesel,
        er hat uns gemacht ein gůt geschel,
        das was der richstet ungefel.
        Sin hoffart groß
    5   det in den stoß;
        sie worden bloß,
        das sie verdroß.

XV   Jr buern wolt ir nit verston,
        daß ir die hoffart sollent lon
        und die edelen in eren han?
        nun dunz nit,

5 ir angesicht
   das ist gericht
   zů jamer pflicht.

XVI   Zů Süssen da geschach in die not,
       im Filztail man in enbot,
       daß sie nun ein teil legen dot.
       Wer fliehen kund
5   zů der selben stund
       von irem bund,
       der beleib gesunt.

XVII   Der vogt von Geppigen das erhort,
       er sank von onmacht in ein ort,
       von großem leid det er die wort:
       "mir zů můt
5   min fründ so gůt
       vergießen blůt,
       wie ochs mit důt."

XVIII Jr rüter fri, nun wesent geil!
       die freuwelin wünschen uch heil,
       und wem sin liep wirt zů deil,
       der sie ergez,
5   mit lieb gelez,
       als sin herz
       in freud gesez.

XIX   Das liedelin nun ist erhebt;
       dar uß und in manig gůt gesel trapt,
       mit Ulmer gelt spilt und plat;
       zů dem Nuwenhus
5   da lebt man im sus,
       da ist nit grus,
       groß ist die krus.

Form: 4a 4a 4a 2b 2b 2b 2b. – I Konventioneller Natureingang. – II,2 Die Rede des Grafen von Württemberg reicht m.E. bis zum Ende von Strophe IV. – II,3 Als Bürgerliche werden die Städter öfter so genannt. – III,1f. Anlass der Feindschaft: Gefangennahme eines Edelknechts durch die Ulmer, angeblich ohne Gerichtsverfahren; ferent 'im vorigen Jahr'; gen 'gehen', d.h. 'geschehen' (St.-M.). – III,3 'Darüber haben wir uns noch nicht beruhigt'. – IV,1 Der Übername des Edelknechts deutet darauf, dass er Raubritter war. – IV,4 dutzest zu nhd. dauzen 'schmähen'. – IV,4f. Wie in anderen Strophen wohl männliche Reime. – V,1 das: die Gefangennahme oder das Wort des Grafen von Württemberg? – V,3 hört an

stam: die Erklärungsversuche von St.-M. überzeugen nicht; lies hörts alsam? –
V,6 Lies ich‹s,› verschnid? – VI,3 Lies ir einem; Georg Renwart ist wohl ein Ul-
mer Hauptmann und Beschützer der Ulmer Kaufleute; er scheint den Raubrittern
durch seine Gegenwehr imponiert zu haben. – VI,4 rit = rîtet. – VI,4–7 "Des
Rennwart Geschwindigkeit hat also etwas Teuflisches" (St.-M.). – VII,4 Reim
gestört; lies Als du dûst, ee Er dir dût me? – VIII,5 suer hier 'gefährlich'. – VIII,6
den 'als, außer'. – VIII,7 luer 'Schelm' (St.-M.). – IX,4 kerz = geherz (St.-M.)? –
X,2 Lies der morg‹en der› was. – X,3 frauten sich mit Genitiv 'freuten sich auf
[die Leute der Ulmer und die Beute]'. – X,6 hüt 'Häute'; soldener wohl die
Schutzbegleitung der Kaufleute. – X,7 büt 'Beute'. – XI,1 wanten hier wohl 'grif-
fen an' (St.-M.). – XI,3 Lies abgewann'n. – XI,7 St.-M. ergänzen in der Paraphra-
se "wenn es sein muß". – XII,1–3 'Jetzt nennst du mich Junker, in Ulm hast du
mich nie mit Junker angeredet, da hast du mich immer geduzt.' – XIII,3 St.-M.
nüz 'tüchtig' (St.-M.)? Besser lies nu laß; am Versende Punkt oder Rufzeichen. –
XIII,4f. 'Bedränge das Prahlen der Reichsstädte mit Glanz!' – XIII,6f. Vorgriff
auf den Überfall: 'Die Länge eines Ackers wurde ihnen zu eng'. – XIV,1–4 Kis-
tenfeger (vgl. LVI, Str. IX) gehörte zur Ulmer Partei und war nach St.-M. viel-
leicht führend beteiligt bei der Gefangennahme des Stigentasch; daher sin hoffart
'hat sie ins Unglück gebracht'. – XIV,6 bloß] 'waffenlos', hier vielleicht auch
'beraubt'. – XV,4 Lies nun dun ‹si›z nicht. – XVI,2 Filztail Tal der Fils. – XVI,3
legen Konjunktiv, abhängig von enbot (2). – XVII,1 Geppigen Göppingen. –
XVII,2 in ein ort 'ganz und gar' (St.-M.). – XVII,7 ochs wohl eher mhd. eht als
mhd. ouch (St.-M.). – XVIII,5 gelez 'erfreue'. – XVIII,6 Reim tolerabel bei Vo-
kalisierung des r. Lies als ‹in› sin herz. – XIX,1–3 Reim gestört, lies erhabt. "plat:
ob von platten, plätteln, ein Spiel, bei dem mit flachen Steinen oder eisernen Plat-
ten nach einem Ziel geworfen wurde?" (St.M.); vielleicht eher blappt ('plaudert')
zu lesen. – XIX,4 Nuwenhus vgl. St.-M. – XIX,7 krus 'Krug'.

LVI (S. 283): Antwort der Ulmer

"Eyn suberlich litlin von den rütern."

I   Die rüter hand gemacht
            ein liet, das menger lacht,
            von den von Ulm; das schaft,
            daß sie han gůt
     5   …
            …
            wie we das důt.

II   Die von Ulm sint biderb lüt,
            sie niemant frommen nement die hüt
            und begerent keiner büt,
            sie schirmen das lant;

5   das ist and
     den rüter, schand
     beschicht zů hant.

III   Die rüter tribent übermůt,
          der tůt in zwar die leng nit gůt;
          nu hond uch selber in gůter hůt!
          das tůt uch not,
5   wan Ulmer brot
          ist wiß und rot,
          so ir sint dot.

IV   Stig in taschen, was ist din klag?
          din liegen dich nit helfen mag;
          die warheit red und sag!
          so wirt man gewar,
5   daß du so gar
          umb sust die schar
          hast geben dar.

V   Conrad von Helmstat was eben dran,
          da er das botenbrot gewan;
          es wirt im – alles ich im gan,
          zů sumer zit
5   kein not dran lit –
          ein zech man im bit,
          biß er sie git.

VI   Hans von Uwerbach, du zornik bist;
          in dinem zorn verston ich list.
          Din swert wol gewezet ist
          an einem stein,
5   …
          der ist gemein,
          doch nit allein.

VII   Heinz Schillink, Sifrit von Zülnharten,
          die sprechen, sie haben geschorn in den warten
          einen, heißet Renwarten;
          er wil in schon
5   geben den lon,
          den glocken don
          mit henkers kron.

VIII   Der Renwart helt noch sin hůt,
     als er ie det mit frischem můt,
     er hoft, sin gefel sol werden gůt;
     er wer geswind
   5 uf tüfels gesind
     und wer nit lind
     der rüter kind.

IX   Der Kistenfeger dünk dich gůt,
     ein gesel in dinem můt;
     het er dich under siner růt,
     er gült dir das,
   5 er růrt dich baß,
     biß din nas
     leg in dem gras.

X   Der vogt von Geppigen ist leides vol,
     als er von art es billichen sol;
     sin trüw gefelt uns allen wol:
     ein nachgebuwer gůt,
   5 er zeigt sin můt,
     vergoßen blůt
     er klagen tůt.

XI   Wir haben uns vermeßen,
     wir wollen nit vergeßen
     siner trüw gar ungemeßen
     mit glicher klag;
   5 uf einen tag
     es gescheen mag,
     ich dir das sag.

XII   Ir rüter freuwent uch nit fast,
     des geltz hebt ir nit überlast,
     ir mogent nicht han růg noch rast,
     die will irs hond;
   5 ir nit enlond,
     spiel gond,
     in schanz ir stont.

XIII   So ir das gelt verspielt hond
     und ir mit lerer taschen gond,
     den ir die großen krusen lond;
     zum Nuwenhus

5   da mûst ir uß,
so leben wir im hus
mit Ulmer krus.

XIV   Den adel du verwesen wilt,
ich mein dich, rüter, tüfels bild;
und liest die jagen ir wild,
das wer das best,
5   so behûbent ir fest
vor Ulmer gest,
es liept dir zû lest.

XV   Wirtenberg, edeler herr,
an die rüter du dich nit ker!
si gebent dir ein falsche lere,
daß dir, dim land
5   möcht gescheen schand;
das wer nit and,
sie habent nit pfand.

XVI   Die rüter sint den steten gram,
edeler herr, ker dich nit daran!
Die Schlegel wollten dich verdrieben han,
da half dir ser
5   der richstet er;
halt din gewer,
sie danzen mer.

XVII   Ir ritter stolz und auch ir knecht,
die rüter wisent uch nit recht.
es gilt in glich das krum und schlecht,
sie hond kein hus,
5   da sich ein mus
mecht neren uß,
ein lere krus.

XVIII   Wir lesent in den bûchen:
wer frid nit gern wil sûchen
und sich der bûben rûchen,
der nimpt ein fal,
5   daß man den hal
hört überal
in landes sal.

XIX   Ir rüter, ir sint gehe
             und dar zů sint wehe
             der rüter hond ir smehe;
             ir spotent ir ser
        5   uß tüfels her;
             es ist kein er,
             ob irs důnt mer.

XX   Rüter, verdrüßt dich in dinem můt,
             daß dich ein burger tutzen tůt,
             solt du in darumb nehmen lib und gůt
             und anders mere?
        5   du hast so sere
             verlorn din ere
             nach rechter lere!

XXI   Wilt du nu haben nit vor gůt
             der burger zucht und gefelligen můt,
             so belib da heim an diner hůt!
             da hast du gnůg;
        5   nun sich und lůg,
             ein waßerkrůg
             ist wol din fůg.

XXII   So wollen wir singen und sagen
             und freud mit hübschen freüwelin haben,
             zams und wildes jagen
             mit herren gůt
        5   und edelm blůt,
             den unser můt
             wol gevallen tůt.

XXIII   Rüter, meinst du edel sin,
             so du einem niemest, das nit ist din?
             das dünk mich nit in sinnen min;
             das recht das spricht,
        5   es si ein wiecht
             und edel nit,
             der im selber richt.

XXIV   Dem adel gůt nit zimet,
             das er mit rauben gewinnet;
             tuget adel bringet!
             Wilt adel han,

5   so můst du lon
     den rauber fron
     und halten das schon.

XXV   Hern, ritter und auch knecht,
       kein frommer tůt nit weder recht,
       und wird das krum wol gůt und schlecht,
       wen man das her
       strafet fiel ser,
       das nit hat er;
       so geschechs nit mer.

Antwort der Ulmer im gleichen Ton, allerdings mit verstechnischen Freiheiten: in mehreren Strophen weibliche statt männliche Kadenzen, einige ungenaue Reime. Zwei Zeilenausfälle und manche dunkle Stellen. – I,1–3 Ungenauer Dreireim, Vers 3 lies *macht*? – I,2 *das = des*; lachen werden wohl von den Ulmern nur niedere Schichten. – II,5f. Lies *Das ist ⟨in⟩ and, den rütern*, danach Punkt. – III,6 Der Erklärungsversuch von St.-M. ist nicht haltbar; es scheint sich um einen spezifischen Ulmer Ausdruck zu handeln: 'weißes und mittleres (graues) Brot.[116] – III,7 'Es bleibt auch so, wenn ihr schon lange tot seid'. – IV Dem gefangenen Edelknecht Stigintaschen wird wohl nahegelegt, endlich mit Lügen aufzuhören. Da wir nicht wissen, was ihm von den Ulmern zur Last gelegt wird, bleibt Zeile 5–7 unverständlich. – V,3–5 Unklar; St.-M.: "zur Sommerzeit hat man keinen Mangel an dem, was man ihm zum Botenbrot gab." – V,6f. St.-M. erklären *bit* als 'borgt', doch finde ich diese Bedeutung nicht; vielleicht ungenauer Reim (*biet* (=*bietet*) : *zît* usw.); ist mit *zech* sein Botenlohn gemeint, den er, wenn die Ulmer die Oberhand haben, wieder hergeben muss? – VI,2 "wohl: finde ich Schlauheit" (St.-M.). – VI,4–7 Sinn dunkel. – VII,2 *in den warten* 'auf der Lauer'. – VII,6 "den Ton der Glocken, wenn sie beim Hängen geläutet werden" (St.-M.). – VII,7 "mit der Kopfbedeckung, die der zu Hängende trägt?" (St.-M.); vielleicht eher 'Kranz' als Umschreibung des Henkersseils. – VIII,3 *gefel* 'Glück, Jagderfolg'. – VIII,4f. 'Er wäre scharf gegen die Teufelsknechte'. – VIII,7 Dativ; *kind* wohl 'den Leuten'. – IX,1 Lies *dünkt*. – IX,5 *růrt* 'schlägt' (vgl. DWb. *rühren* Sp. 1466). –– IX,7 Konjunktiv im abhängigen Temporalsatz. – X,4 Lies *nachbar*. – XI,4 *mit glicher klag* "mit gleicher Teilnahme" (St.-M.). – XII,3 *růg* = mhd. *ruowe*. – XII,5 "Ihr lasset nicht nach, d.h. ohne Unterlaß (trifft das Folgende zu)." (St.-M.). – XII,6 Lies ⟨die⟩ *spiel⟨e⟩ gond* 'die Spiele gehen weiter'. – XII,7 *schanz* hier 'Wagnis'. – XIII,3 'Dann lasst ihr die großen Krüge'. – XIV,1 "d.h. du willst bei deinem Treiben im Namen des Adels handeln, willst seine Sache führen, im vorliegenden Fall speziell die Sache Württembergs" (St.-M.). – XIV,3 "ließest du sie selbst ihr Wild jagen, d.h. ihre Gegner bekämpfen" (St.-M.). – XIV,5f. 'Dann würdet ihr [das Haus] sicher vor Ulmer Gästen bewahren'. – XV Dem Grafen von Württemberg gegenüber ist der Ton deutlich

---

116 HERMANN FISCHER, Schwäbisches Wörterbuch, Bd. 5, Tübingen 1920, Sp. 432f.; vgl. auch DWb. s.v. Rotbrot.

weniger scharf, obwohl er nach dem Lied der Gegner indirekt den Anstoß zu dem
Überfall gegeben hat. – XV,3 Lies *ler.* – XV,7 "wohl: sie haben kein Pfand von
Württemberg, ihm nichts geliehen, riskieren also lediglich nichts, wenn sie Würt-
temberg in Schand und Unglück bringen" (St.-M.); vielleicht eher andersherum:
'sie könnenWürttemberg kein Pfand geben', sind nicht vertrauenswürdig. –
XVI,3–5 "Hinweis auf den Schleglerkrieg vom Jahr 1395, in dem die Ritter des
Schlegelbundes dem Grafen von Württemberg gegenüber standen, von diesem aber
mit Hilfe der Städte besiegt wurden" (St.-M.). – XVI,6 *gewer* wohl nicht 'Wehr'
(St.-M.), sondern eher 'Vorsicht'. – XVI,7 "d.h. der Waffentanz mit den Rittern
wird wieder losgehen." (St.-M.) – XVII,1f. Hier wird deutlich zwischen den Rit-
tern, dem wahren Adel, und den *rütern*, den Raubrittern, unterschieden. – XVIII,3
sich der bůben růchen 'sich mit Schelmen abgeben'. – XIX,2 "*sint wehe:* seid
schön geputzt" (St.-M.); am Versende Punkt. – XIX,3 *rüter*] lies *bürger* oder *stete*
(St.-M.). – XX Vgl. LV,12,1–3. – XXII,2 Vgl. LV,XVIII,2. – XXII,4–7 Zusammen
mit dem wahren Adel. – XXIII,6 Lies *nicht.* – XXIII,7 "der sich selbst Recht
schafft" (St.-M.). – XXIV,6 Lies *der rauber fron* [so St.-M.] oder *des raubens
fron.* – XXV,2 *weder* = *wider.* – XXV,4 *her* 'Heer' (St.-M.)?

LVII (S. 283): Das Lied ist im gleichen Ton wie Hans Hesellohers Lied I verfasst
(Auft. 4a 4a 4a 4a 3b 3b, in Strophe VI die Anfangszeilen zu 3a- variiert), passt
auch zum Stil Hesellohers und zu dessen metrischen Spielräumen; HARTMANN
hielt es für "höchst wahrscheinlich", dass es von Heselloher stammt, ZWIERZINA
hielt es eher für eine "directe Nachahmung des Heselloherliedes", und MASCHEK
hat es einfach als Lied Hesellohers abgedruckt.[117] MÜCK[118] hat erwogen, dass
Heselloher FICHARDs Lied "aufgegriffen und bearbeitet" habe. Nach CURSCH-
MANN bleibt die Verfasserfrage ungelöst: "ohne weitere Gewähr".[119]
   Die Strophenform (4a 4a 4a 4a 3b 3b) ist schon früher belegt, allerdings mit
Reimpaaren in den Vierhebern und Refrain: 4a 4b 4a 4b **3c 3c**.[120]
   I,1 *Glantz* als Name eines Dörpers weist HARTMANN im 'Neidhart Fuchs'
mehrfach nach, u. a. in einem Lied, das er als Bearbeitung von Hesellohers Lied
III in anderer Strophenform erkannt hat.[121] – I,5 d.h. wenn er nicht mittanzte. –

117 AUGUST HARTMANN, Hans Heselloher's Lieder, Romanische Forschungen 5 (1890) [Fest-
     schrift Konrad Hofmann], S. 449–518, hier zu FICHARDs Liederbuch S. 495–497 [auch als
     Sonderdruck Erlangen 1890], dazu KONRAD ZWIERZINA, in: AfdA 17 (1891), S. 213–220;
     nach FICHARD, aber als Eigentum Hesellohers: MASCHEK, S. 106–108; CRAMER, Bd. 2, S.
     9–42 (nur die gesicherten Lieder).
118 MÜCK, Bd. 1, S. 203.
119 MICHAEL CURSCHMANN, Heselloher, Hans, in: ²VL 3 (1981), Sp. 1192–1196, hier Sp. 1193.
120 'Di element uns des veriehen' (KURT RUH, 'Di element uns des veriehen', in: ²VL 2 [1980],
     Sp. 76f.; ²VL 11 [2004], Sp. 349) und in mehreren Liedern Heinrich Laufenbergs, darunter
     dem heute noch verbreiteten Lied *In einem krippfly lag ein kind*: Das deutsche Kirchenlied
     von der ältesten Zeit bis zu Anfang des XVII. Jahrhunderts, hg. von PHILIPP WACKERNAGEL,
     Bd. II, Leipzig 1867, Neudruck Hildesheim 1964, Nr. 705–707 und 777.
121 HARTMANN [Anm. 112], S. 490–494 und 497. Vgl. Narrenbuch. Hg. von FELIX BOBERTAG
     (Deutsche National-Literatur 11), Berlin/Stuttgart 1884, Neudruck Darmstadt 1964, S. 165

II,2f. *der reyen den man hynckt, den ‹man› uff und nieder sinckt* könnte der Dörpertanz sein, den CORA DIETL[122] beschrieben hat: ein Tanz mit abgewinkeltem Knie und dran gebundener Stelze. – III,3 *wont* = mhd. *wânde*. – III,5 *dragt* = *dræt.* – III,6 *drom* HARTMANN erklärt "Stück, plumpe Masse"; näher liegt wohl die Konjektur *dumb*. – IV,1 *rumpt* = mhd. *rûnte*. – IV,5 u. ö. *gnappen* 'wackeln'. – V,1 *gehe*] lies *gech* (= *gach*). – V,2 *schuw* = mhd. *schuoch; sin* = *sind*. – V,3 *barchet* ein Kleidungsstück aus Stoff, hier vielleicht ein Hut. – V,4 Lies *roten stricken ist*. – VI,5 *Von*] lies *Vor*? – VII,2 *ein zwerg*] lies *enzwer*. – VII,6 Lies *jung*? – VIII,3 *ran* 'schlank, schmächtig'; *stom* HARTMANN erklärt "= *stuben*" und denkt an einen Saal im alten Schloß zu Stuttgart. Ich denke, das *stum* kein Nominativ sein kann und halte das Wort eher für eine nicht identifizierbare Anspielung auf einen Stummen in Württemberg. – VIII,4 Lies *Und ‹hat› ein horn*. – VIII,5f. Reim gestört, lies *an sich druckt : verruckt*? *irs*] was macht die *metze* von Strophe I bis VI an dieser Stelle? Ist etwa zu lesen *Da mit er sich verruckt*?

LVIII (S. 285): Liebeslied aus der Ferne. Die Form 4a 3- | 4a 3- | 4c 4c 3- zählt zu den beliebtesten deutschsprachigen Formen.[123] Hier allerdings ist sie in II, III und VII durch Kadenztausch variiert; außerdem kommen in IV,1/3 und VII,5f. identische Reimwörter vor, in III sind die a- und c-Reime identisch und in VII reimt das letzte Wort nicht auf V. 4. Insgesamt also kein hohes Formniveau, glättende Eingriffe verbieten sich daher wohl. Die Vorlage war vielleicht diphthongierend, vgl. den Reim V,1/3 *frauw : getruw*.

I,4 Lies *mir*. – I,5 Tilge *höchste*? – II,2 Lies *freust für all diesz* (hier wohl *die*) *welt* – häufige Formel.[124] – II, 4 *wieder gelt* 'Erwiderung der Liebe'. – III,2 Lies *ersee*. – III,5 *unausker* (in FICHARDs Fußnote *unauskerd*) ist unverständlich; ist zu lesen *Mynen wunsch schick ich dir schier* oder, etwas ungewöhnlicher, *Myn wunschen schickt dich schier* 'mein Herbeiwünschen bringt dich schnell zu mir'? – III,6 *synnen*] lies *senen* ? – IV,1 SITTIG (S. 229f.) weist auf den Gegensatz zu I,1 hin; Zudichtung? – IV,5 Lies *dorff*? – V,1 Lies *Halt dich für mich*? – V,7 Lies *Von dir kumpt ‹mir› fiel smertzen*? – VI,7 *stat* = mhd. *stæte*. – VII,2 Lies *dins angesichts*.

(V. 407), 212 (V. 1702) und vor allem S. 236 (V. 2391); Salzburger Neidhart-Edition (SNE) [Anm. 104], Bd. 1, B 69–70, Bd. 2, z 15 und vor allem z 20. Ältester Beleg des Namens wohl in der Sterzinger Miszellaneen-Handschrift, vgl. MANFRED ZIMMERMANN, Die Sterzinger Miszellaneen-Handschrift. Kommentierte Edition der deutschen Dichtungen (Innsbrucker Beiträge zur Kulturwissenschaft, Germ. Reihe 8), Innsbruck 1980, S. 178–183, Strophe V.

122 CORA DIETL, Tanz und Teufel in der Neidharttradition: 'Neidhart Fuchs' und 'Großes Neidhartspiel', in: ZfdPh 125 (2006), S. 390–414, hier S. 400.

123 Sie kommt schon in Minnesangs Frühling vor: 92,14ff.; 193,22ff. (Des Minnesangs Frühling, unter Benutzung der Ausgaben von KARL LACHMANN und MORIZ HAUPT, FRIEDRICH VOGT und CARL VON KRAUS bearbeitet von HUGO MOSER und HELMUT TERVOOREN, 38. Aufl., Stuttgart 1988). Vgl. auch FRANK, S. 531–533.

124 Vgl. MÄRZ (s. Mönch), S. 424.

LIX (S. 287): Lied eines verstoßenen Liebhabers mit Heidelberg-Bezug und Lie-besfarben-Symbolik[125]; die Haltung der ehemaligen Geliebten ist nicht durchwegs eindeutig. Form: 4a 4a 3b- 4x 3b-, die Lindenschmidt-Strophe,[126] nicht immer reine Reime.

I,1 Lies *herrlich*? – I,5 Lies *Zum dantze und sol schauwen*. – II,2 *umb ein pfennig* – das Motiv ist im Folgenden isoliert. – II,4 *Das = Des*. – VI,1f. Reim gestört, zwei Farben ungeschickt hintereinander: ist hier etwas ausgefallen? – VIII,3 'Warum behandelt Ihr mich so schlecht'? – VIII,4 Lies *der guten tag*? – IX,1 *gemlich* bedeutet gegen FICHARDs Anmerkung 'lustig', zur weiteren Bedeu-tungsentwicklung s. DWb. *gämlich*, hier vielleicht 'närrisch, wunderlich'; oder ist zu lesen *gremlich*? – IX,3 Lies *Nit so*? – IX,4 Ein Kuss passt nicht recht in den Kontext; oder ist das eine Erinnerung an frühere Zeiten? – XII,1 Lies *mer*.

LX. LXI: Zwei Lieder des Lied- und Reimpaarspruchdichters Mysner, der laut Eingangsstrophe von LXI versucht hat, sich *singens* zu *nern*.[127] Beide Lieder sind in siebenzeiligen Strophen der Grundform 3a- 3b 3a- 3b 4c 3x- 3c mit Kadenz- und sehr weitgehender Füllungsfreiheit verfasst. Hinweise, wie die Form viel-leicht zu bessern wäre, gebe ich in den Anmerkungen. Ähnlich, nicht ganz so frei, die Form von LIII.

LX (S. 290): Satirisch-unsinnig-obszöne Anweisungen eines Briefs aus *frömden landen*, am Ende durch Ironiesignale und *per antyffrasim* didaktisch gewendet: Niemand soll ohne einen Trunk morgens zur Kirche gehen, Mangel an Wein führt zu Schwäche (Str. II–IV); Frauen müssen vor dem Ausgehen in den Spiegel schauen (V und Überschrift); eine Frau, die ihre Ehe bricht, soll *nach ihres bulen rat* ein Viertel Jahr ins Bad fahren (VI); Männer, die die Ehe brechen, sollen ge-fangen werden, wo man den besten Wein schenkt (VII); Jungfern, die noch den Jungfernkranz tragen, sollen mit dem Penis von *Heintz Lül* gestraft werden (VIII); Männer, die sich von ihrer Frau schlagen lassen, sollen Frauenaufgaben überneh-men (IX); wer billig verkauft, soll die Stadt verlassen (X).

I,5 Lies *gesant*. – I,7 Lies etwa *Und ⟨tůt uns⟩ das bekannt*; danach Stro-phenjambement. – II,5 Tilge *zu dem ersten*. – II,7 Tilge *In dem nebbel*. – III,6 Lies *Wem*. – IV,7 Lies ⟨*mangel*⟩ *wyns halb [] zwar*? – V,3 Tilge *sich des mor-gens*. – V,5 *gon*] lies *gant*. – V,6 Lies *in* ⟨*ir*⟩ *hochsleyer*. – V,7 Lies *übel [] stand*. – VI,5 *baden* 'Baden-Baden'? – VII,2 *ein semszlich* = vgl. mhd. *samelich* 'ebenso'. – VII,4 Lies *versmet*. – VII,5 Tilge *an den dumen*. – VIII,3f. Was der Biss eines sieben Fuß langen Flohs soll, bleibt dunkel. – VIII,5 *schappelin* 'Jung-

125 Zu den Liebesfarben Uhlands Schriften III, S. 433 mit Anm. 230 (S. 528); WACKERNAGEL.
126 Vgl. FRANK, S. 384–388.
127 HELLMUT ROSENFELD, Mysner, in: ²VL 6 (1987), Sp. 839f. (bei dem 5. Text, den ROSENFELD anführt, handelt es sich vielmehr um ein Fragment der 'Nonne im Bade' von Peter Schmie-her).

fernkranz'; *leckt = legt*. – VIII,7 Vers überfüllt, ohne dass erkennbar wäre, was zu tilgen ist. – VIII, 7 Lies *tregt*. – IX,5 Lies *gesatzt*. – X,3 *antwerck lüt* gedacht ist wohl an Schneider, die Tuch kaufen und wenig dafür berechnen. – X,4 *wolffel* lies *wolfeil*. – X,5 Lies *wil ‹man› die busze*. –X,6 Vers überfüllt; tilge *Ein blattern furn arsz?* – X,7 Lies *gewinnt*. – XI,5 *wer ein geleit an sich fasz* unverständlich, muss wohl bedeuten 'wer sich daran hält'; *Sunder* zu tilgen? – XI,6 Tilge *an etlichen enden?* – XI,7 D.h. wohl: 'überhaupt nicht' (Überleitung zu *per antyffrasim*). – XII,6 *besachet* 'eingerichtet'. – XII,4 Lies *sind*; *rat* hier wohl 'Ratgeber, Gewährsleute'. – XII,7 Der Vers ist überfüllt; in diesem Fall könnte der gelehrte Ausdruck *per antyffrasim* allerdings eine Randglosse sein, die in den Text geraten ist.

LXI (S. 293): Ironische Empfehlung des Karnöffelspiels in 15 Strophen. Das Kartenspiel ist seit 1426 breit bezeugt,[128] seine genauen Spielregeln kennt man aber nicht; sie mögen sich im Lauf der Jahrhunderte auch geändert haben. Ein Prinzip scheint gewesen zu sein, *da stechen die mindern die merern*, wie Geiler von Kaisersberg es ausdrückt.[129] RUDOLF VON LEYDEN hat auch das hier zu behandelnde Lied kommentiert;[130] er scheint aber die numerische Aufzählung des Liedes verstanden zu haben als Aufzählung von Kartenbildern; das scheint mir zumindest im ersten Fall nicht zuzutreffen. Zunächst eine Übersicht über das Lied:

I: Allgemeiner Prolog. – II–IV: Ironische Empfehlung des Kartenspiels *karnöffelin*[131]. – V–VI,2: Der erste 'Vorzug' des Spiels: es zieht einem Rock und Kittel aus wie der Wolf der Sau Haut und Haar. – VI,3–VIII: Die zweite 'Tugend' verbürgen die *lerer*, die auf den Karten gemalt sind. – IX Drittes Kapitel: der Papst. – X–XI Viertes Kapitel: der Teufel. – XII–XIII Fünftes [Kapitel]: der Kaiser und seine Untertanen. – XIV–XV Epilog.

Nun die Einzelanmerkungen: I,2 Unterfüllter Vers. – I,3 *kunden = künnen*; I,5 *werntlich = werltlich*. – III,3 *kartten* 'Karten spielen' (DWb.). – III,6f. Auch ein Kalb am Stecken (?) will Spaß haben. – IV,2 Lies ‹ist› *da by*. – IV,3 Lies *haben‹s›*; IV,4 *bübelly* 'Büberei', vielleicht Wortspiel mit '*Bibel*'. – VI,2 Lies *yn*. – VI,6 ist *heiligen* zu tilgen? – VII,2 *gemyst = gemischt*. – VI,7 Lies *den kartten*? – VII,5f. Wer einen *fryhen* auswirft, dem müssen alle etwas zuschießen Was ein *fryher* ist, wird nicht klar. Im Thüringer Karnöffelspiel des 18. Jahrhunderts, war

---

128 DWb. *Karnöffel, Karnüffel, Karniffel*; vgl. auch oben S. 200–202. Neuere Literatur: RUDOLF VON LEYDEN, Karnöffel. Das Kartenspiel der Landsknechte. Seine Geschichte vom 15. Jahrhundert bis zur Gegenwart (Begleitheft zur Facsimile-Ausgabe des Spiels von Hans Forster 1573), Wien/München 1978; Eyn frage des gantzen heiligen Ordens der Kartenspieler vom Karnöffell An das Concilium von Mantua 1537, Mit einem Nachwort von MANFRED LANGER (Schriften zum Bibliotheks- und Büchereiwesen in Sachsen-Anhalt 53), Halle (Saale) 1983. Vgl. auch das Lied über das Karnöffelspiel Nr. 143 im Königsteiner Liederbuch, S. 196f. und 385f.
129 DWb. Karnöffelspiel.
130 VON LEYDEN [Anm. 128], S. 14–16.
131 Die Etymologie ist unsicher, vgl. VON LEYDEN [Anm. 128], S. 11.

es die 'Böse Sieben', die nicht gestochen werden kann und nur von einem Spieler ausgespielt werden darf, der schon einen Stich gemacht hat.[132] – VIII,3 Lies *wie sie ‹in› überfüren* 'wie sie ihn (den, der den Stich gemacht hat) betrügen'. – IX,2 *an logen = âne lougen.* – IX,6 *setz = setzt.* – IX,7 Seitenhieb auf die Geldgier der Kurie. – XI,1 Lies *warnt?* – XI,4 Was der rückwärts gehende Krebs mit *banwol* ('Baumwolle'?) zu tun hat, verstehe ich nicht. – XIII,2 Lies *By ‹ir› lyp und gut.* – XIII,3 *verschlag* 'unterschlage, verstecke'? – XIII,4 Lies *Wann ‹er›s verbietten dut?* – XIII,5 *das gelt stet uff der ban‹k›?›* 'das (zu Spielbeginn) eingesetzte Geld ist verloren'. – XIII,6 Heinz Äffmichwohl[133] steht wohl für den Gewinner. – XIV,6 Lies *im in.* – XIV,7 *in der mosz als dem hund das gras* d.h. 'gar nicht'. – XV,3 *werre = wære.* – XV Lies *geschee.*

LXII (S. 297): Nicht abgedruckt. Die von FICHARD wiedergegebene Überschrift lässt nicht erkennen, ob er einen Text in Prosa oder in Versen, einen rein lateinischen oder einen gemischtsprachigen Text ausgelassen hat. Aber sie passt vorzüglich zu der Verspottung der Bauern in einer von LEHMANN als 'Bauernkatechismus' betitelten Grammatikparodie (inc. *Rusticus que pars est? Nomen.* […] *Et declinatur sic* […]); diese kombiniert Prosa mit Versen und ist im 15. Jahrhundert in drei Fassungen bezeugt.[134] In Frage käme freilich auch ein lateinisch-deutsches Lied, etwa in der Art, wie es im 16. Jahrhundert auf den Wein überliefert ist (inc. *Vinum quae pars? verstest du das?*).[135]

LXIII (S. 297): 'Schule der Minne', Minnerede in Reimpaaren, überliefert in neun Handschriften, acht davon hochdeutsch, eine niederdeutsch.[136] Erhalten sind 50 Verse vor und 506 Verse nach dem Verlust eines Blattes. Wie groß die Lücke sein

---

132 VON LEYDEN [Anm. 128], S. 24f.; ähnlich war die *böse sieben* 'teufelsfrei' (DWb. s. v. *Karnöffel*, Sp. 220).

133 SAPPLER vermutet (Königsteiner Ldb., S. 386), *den öffel schlagen* seines Liedes könne ein Fachausdruck des Karnöffelspiels sein und *Heinz eff mich wol* hänge damit zusammen.

134 LEHMANN, S. 197f. (nach München, Bayer. Staatsbibl., Clm 18287, Vorsatzblatt, mit Hinweis auf die abweichende Fassung in Clm 15602, Bl. 119v); vgl. auch S. 76f.; HANS WALTHER, Parodistische Gebete der Pfarrköchin in einer Züricher Handschrift, in: Studi medievali N.S. 4 (1931), S. 344–357, hier S. 355f. (nach Zürich, Zentralbibl., Cod. A 161, Bl. 186v–187r [!]). Dazu FIDEL RÄDLE, Zu den Bedingungen der Parodie in der lateinischen Literatur des hohen Mittelalters, in: Literaturparodie in Antike und Mittelalter. Hg. von WOLFRAM AX, REINHOLD F. GLEI (Bochumer Altertumswiss. Colloquium 15), Trier 1993, S. 171–185, hier S. 172 Anm. 7; BAYLESS, S. 224.

135 ³HOFFMANN, S. 105–107, Nr. 44.

136 Vgl. TILO BRANDIS, Mittelhochdeutsche, mittelniederdeutsche und mittelniederländische Minnereden. Verzeichnis der Handschriften und Drucke (MTU 25), München 1968, Nr. 433 (BRANDIS gibt zu erwägen, ob als zehnte Handschrift auch die verschollene Neidensteiner Handschrift den Text enthalten haben könnte; zur Neidensteiner Handschrift anders KLINGNER/LIEB, Bd. 2, S. 110); MELITTA RHEINHEIMER, 'Schule der Minne' I, in: ²VL 8 (1992), Sp. 865f.; KLINGNER/LIEB, Bd. 1, S. 736–740.

mag, ist unsicher. Nach der Liedersaal-Handschrift fehlen allerdings nur 14 Verse, ebenso nach der niederdeutschen Handschrift und nach den online verfügbaren Handschriften Das könnte dafür sprechen, dass auf dem verlorenen Blatt einiges getilgt war und dass das Blatt deswegen ausgeschnitten oder ausgerissen wurde. Ich setze deshalb nur eine Lücke von 14 Versen an und zähle danach mit Vers 65 weiter. Eine kritische Ausgabe gibt es nicht. Dem Abdruck der Liedersaal-Handschrift durch LASSBERG[137] fehlt der Schluss. Verszählung bei KLING-NER/LIEB nach dem Abdruck der (zu Beginn fragmentarischen) niederdeutschen Handschrift bei SEELMANN;[138] SEELMANN[139] hat später mit Hinweis auf FICHARDS Liederbuch bemerkt, dass seine Fassung aus dem Hochdeutschen übersetzt ist. Literatur bei BRANDIS und KLINGNER/LIEB, dazu hier einige Ergänzungen:

> Uhlands Schriften III, S. 431f. mit Anm. 227 (S. 526); WACKERNAGEL, S. 203 mit Anm. 3; INGEBORG GLIER, Artes amandi. Untersuchung zu Geschichte, Überlieferung und Typologie der deutschen Minnereden (MTU 34), München 1971, Register 'Schule der Minne' (besonders S. 279 Anm. 219 und S. 407 Anm. 34: Hervorhebung der Weg-Struktur).

Mehrfach erscheinen Reime *o* : *a* (z.B. 9f., auch in unten zitierten Fassung Cod. Pal. germ. 313), was in mehreren Regionalsprachen vorkommt. Vielfach steht *o/ö* für *u/ü/uo/üe*, *d* für obd. *t*, *lybe* für *liebe*, mehrfach endet die 1. Sing. Ind. Präsens auf *-en*[140], gegen Ende erscheint öfter das Präfix *vor-* statt *ver-*; all das könnte für eine mitteldeutsche Vorlage sprechen.

3 Lies *gevert* 'gefährlich' (vgl. DWb. 4.1, Sp. 2069 d). – 6 Tilge *an*. – 7 Anakoluth oder Fragezeichen am Ende des Verses; *das* = *des*. – 9f. Heidelberg, Universitätsbibl., Cod. Pal. germ. 313: *Die myn sant mir boden Vnd lies mich selber laden*, ähnlich der fragmentarisch erhaltene Rest der niederdeutschen Handschrift; damit wird die Wegstruktur von Anfang an klargestellt. – 15–17 Schwer verständlich; ich habe die online verfügbaren Handschriften und die Gothaer Handschrift verglichen; offenbar hatten schon die Handschriften Schwierigkeiten mit der Stelle: Berlin, Staatsbibl. zu Berlin – Preuß. Kulturbesitz, Ms. germ. fol. 488: *Sie drat mir auff mein mûder Vnnd warff mich fur ein lûder Vnd ließ mich darvff tret‹en›*; Berlin, ebd., Ms. germ. fol. 922: *Sy brach mir durch meỹ mûder Sy warff mir vor ein lûder Sy lis mich dor off treten*; Liedersaal-Handschrift (nach LASSBERG): *Si prach mich durch min muder Vnd warff mir für jr luder Si liesz mich dar vff tretten*; in Heidelberg, Universitätsbibl., Cod. Pal. germ. 313 fehlt V. 15, danach *Vnd warff mich fur jr nider Vnnd lies mich daruff dreten*; im nd. Text ist der Anfang nur fragmentarisch lesbar; in Gotha, Forschungsbibl., Chart. A 985 steht *Sie brach mir dorch mỹ mudir Vnd warff mir vor ein ludir Sie hys mich daruff tretin*. Einigermaßen sinnvoll ist nur Berlin, Ms. fol. germ. 922 und Gotha, wenn man sich klar macht, dass mhd. *muoder* auch für männliche Oberkleidung stehen kann; aber was diese Verse im Zusammenhang sollen, bleibt mir dennoch unklar. – 18

---

137 Lieder-Saal 3, S. 575–592.
138 WILHELM SEELMANN, Farbendeutung, in: Niederdeutsches Jahrbuch 8 (1882, erschienen 1883), S. 73–85.
139 WILHELM SEELMANN, Zur Farbendeutung, in: Niederdeutsches Jahrbuch 21 (1895), S. 162.
140 Frühnhd. Grammatik § M 88 (westmitteldeutsch und alemannisch).

besteden = *bestæten*, hier 'zum Bleiben bewegen'. – 37 Etwa 'mit deren Willen du dich verbindest'. – 46 LASSBERG schreibt plausibler *Vnd dich lieber han in liden*, ähnlich die Berliner Handschrift Ms. germ. fol. 922. Das dürfte etwa der originale Wortlaut gewesen sein. – 50ff. Nach LASSBERG fehlen folgende Verse: *Ich sag dir minen namen her Ich haisz verswigen yemer mer Da von trag ich prune claid Nu wol vff vnd bisz berait Ich waisz ain dú dich kan Leren húbstlicher* [= *hübschlicher*] *heben an Sie gie mir vor vnd ich na jr Ich volget jr mit steter gir Vntz si mich pracht in ain sal Der lag da perg vnd tal War allez grün recht als ain cle Kaim man geschach nie so we Der da wår gewesen Er wår da genesen.* Der nd. Text lautet ähnlich. – 82 *Do* = *tuo*. – 95–98 Irritierender Dreireim, Vers 96 ist wohl zu tilgen. Berlin, Ms. germ. fol. 922 liest: *Der gerinclich ane vet Vñ doch zwerlich* [= *schwerlich*] *abe leth*; die Liedersaal-Handschrift liest (nach LASS-BERG): *Der da rincklich hebt an Den man sicht swårlich ablan.* Beide Fassungen sind reimtechnisch korrekt. – 113 *volnkommen* hier 'reifen'. – 120 und öfter *wernt* = *welt*. – 121 *genis* (im Reim *geneiß*), ein unbekanntes Wort, entweder zu *genie-zen* oder zu *neizen* 'bedrängen, schädigen'; der Sinn im Kontext bleibt mir dunkel. Bei LASSBERG und in Berlin, Ms. germ. fol. 488 fehlt die Stelle; die sonstigen online verfügbaren Handschriften haben: Berlin, Ms. germ. fol. 922 *du salt horē off geniss nv̄ mercket eben was ich dich hys*; Heidelberg, Cod. Pal. germ. 313 *Sus soltu harren uff genanß/geranß/gerimß* [?] *merck gar eben wie ich heis*; München, Cgm 713: *Darumb soltu harren auff genieß Mercke eben was ich dich hieß.* – 124 Lies *blut*. – 133 *von den wilden* 'aus deinem Zustand der Wildheit'. – 134 *bilden* hier vielleicht 'dir ein Bild [von der Geliebten] zu machen'. – 135 Lies *czu dem besten*. – 142 *geferte* hier 'Weg, Fahrt'. – 148 *kneiffe* 'Knöpfe'. – 152–154 Etwas merkwürdiger Ausdruck: 'man könnte in aller Welt ein Gemach schmücken mit dem Gemach, das ich darauf liegen sah'; mehrere Handschriften aber lauten gleich oder ähnlich. – 157 *kil* 'Zeltpflock'. – 184 Punkt nach *konst*; *do* = *tuo*. – 212 *gliche* 'gleichgültig'. – 213 Es fehlt eine Negation: 'ohne Hoffen und Zuver-sicht wäre alle Liebe nichts'. – 216 *bilt* = *bildet* 'Vorstellungen weckt'. – 231f. Entdeckung der Geliebten. – 234 *das* = *des*. – 251 Lies *Es*. – 277 *Sy*: das rot ge-kleidete Fräulein. – 284f. Subjektwechsel: wer wen segnet, ist unklar. Die mich gebracht hatte, ging jedenfalls weg, das bleibende Fräulein sprach mich an. – 287 *unwytze* Sinn im Kontext? – 306 *götlichen* = *güetlichen*. – 322 *machst* = *magst*. – 341 'Das war kunstvoll so mit Gräben umgeben'. – 343 Lies *hetten*. – 355 Tilge *wy*. – 359 *bimsas*] lies *bi in sas*. – 363 *lybe* = *lîbe*. – 364 *lybe* = *liebe*. – 378 Lies *siner*. – 382 *mös* = *müez*. – 386 Lies *Ich knyte for sy. sy sprach: 'du*. – 392 'Selbst wenn du alle Liebe hast…' – 397f. Tilge *rechten* und *högesten*? – 417 *e ich mich besprach* ist ein nicht sehr sinnvolles Füllsel, das nach LASSBERG auch in der Liedersaal-Handschrift steht; der nd. Text hat sinnvoller *Yk antworde or vnde sprach*. – 430 Lies mit der Liedersaal-Handschrift *erkorn*. – 454 *notet* ergibt kei-nen Sinn, Liedersaal und Heidelberg, Cod. Pal. germ. 313 haben *allez*. – 462 *Wan* 'denn'; lies *bedutet*. – 463 Heidelberg, Cod. Pal. germ. 313 und Berlin, Ms. germ. fol. 488 lesen *ubel*. – 469f. Die folgenden Handschriften haben einen sinnvolleren Text: Berlin, Ms. germ. fol. 488 hat *Ich sach mich vmb nach trost Der hett mich zw mal gelost*; Berlin, Ms. germ. fol. 922 *Ich sach mich vme noch der brudeˢ trost*

Der hatte ich altzů mole gelost; Heidelberg,Cod. Pal. germ. 313 *Ich sach mich vmb nach frewden trost Des was ich als nicht erlost*; nd. Handschrift (nach SEEL-MANN) *Yk sach my vmme na vrunde trost...* (nächster Vers entstellt). – 484 *unge-frit* = *ungefriet* oder *ungefridet*. – 485f. Lies *löse : böse*, vgl. Heidelberg, Cod. Pal. germ. 313 *Mit nicht ich dich erlös Einen guten dag vnd dusent boes*; Berlin, Ms. germ. fol. 488: *Sie schloß mich inn Ring vnd schloß Do stundt ich gutter tag bloß*; Berlin, Ms. germ. fol. 922: *Ich enbrise* [?] *noch enloze Ich gheue eynen gůten dag vñ hundert bo‹se›* (beschnitten); Liedersaal *Weder ich ringer noch enlôsz Ain guoten tag E tusent bôsz.* – 493 *wo finde ‹ich› gele* verstehe ich nicht; ist etwa zu lesen *wo finde ich geselle* (vgl. 496)? Aber der Fehler scheint tiefer zu liegen, vgl. Berlin, Ms. germ. fol. 488 *Nu sehett ann mein grosse quel Sacht mir wo ich noch finden gel*; Berlin, Ms. germ. fol. 922 *Seet libe frawe wy ich quele Sagit mir wo vinde ich dich gele*; Heidelberg, Cod. Pal. germ. 313 *Sehent lieb fraw wie ich quel Saget mir wa find ich gel*; Gotha, Ch. A 985 *Schauwet frauwe wie ich quel Saget m^s vrauwe wa vinde ich gell.* – 497 Sinn? – 512 Ob *bat* 'Nutzen' (mhd. *bate*) oder als Metapher 'Bad' bedeutet, möchte ich offen lassen. – 515 Überfüllter Vers, tilge *Der* und *tzu eigen*? – 516–546 Stichomythie, Redewechsel von Vers zu Vers. – 523 Lies *senlicher.* – 535 *biten*] lies *buwen*, so auch der nd. Text. – 553 Lies *So han ‹ich› bessers [] ny gesehen.*

LXIV: Vierhebige (vereinzelt fünf- oder dreihebige) Reimpaarverse. Dreimal erscheint *tzüt* statt sonst vorherrschendem *zyt* oder *tzyt*; für die Annahme eines Schreiberwechsels reicht das Indiz kaum aus.

Ein König bittet um Rat, wie er *in eren* leben soll, und erhält abwechselnd in je zwei oder drei Abschnitten ernsthafte Herrschertugendlehre und böswillige Aufforderungen zu Herrscherlastern. Nachdem eine dritte Stimme überlegt, wie sich der König wohl entscheidet, ergreift der König das Wort und mahnt die Herren zu Treue und Ehre. Eine nochmalige Aufforderung zu Lastern dürfte irrtümlich an dieser Stelle stehen. Dann setzt der König seine Mahnung fort. Da es keinerlei Redeeinführungen gibt, könnte der Text durchaus als Spiel verstanden werden, wird aber in einem Schlusspassus, der weitere Mahnungen bringt, als *gesang* bezeichnet.

Der Text gehört, wie mir Gisela Kornrumpf mitteilt, zum 'Rat der Vögel' oder den 'Vogelparlamenten', die letztlich auf Ulrich von Lilienfeld zurückgehen.[141] Das sieht man ihm zunächst nicht an. SEELMANN[142] hat es entdeckt, und genauer untersucht hat es dann PETRA BUSCH.[143] Demnach ist der Text von

---

141 NIKOLAUS HENKEL, Lehre in Bild und Text. Der 'Rat der Vögel' des Ulrich von Lilienfeld, in: Zwischen den Wissenschaften. Bernhard Gajek zum 65. Gerburtstag, hg. von GERHARD HAHN und ERNST WEBER, Regensburg 1994, S. 160–170. Vgl. auch ders., 'Rat der Vögel', in: ^{2}VL 7 (1989), Sp. 1007–1012.

142 WILHELM SEELMANN, Die Vogelsprachen (Vogelparlamente) der mittelalterlichen Literatur, in: Niederdeutsches Jahrbuch 14 (1888), S. 101–147, hier S. 104; teilweise abgedruckt ebd. S. 109–111; vgl. auch HENKEL [Anm. 141].

143 PETRA BUSCH, Die Vogelparlamente und Vogelsprachen in der deutschen Literatur des späten Mittelalters und der frühen Neuzeit. Zusammenstellung und Beschreibung des Textmate-

FICHARDs Liederbuch innerhalb weiterer komplexer Zusammenhänge nahe verwandt mit einem in Köln und Stuttgart überlieferten Text (bei ihr KS)[144], nur sind die Namen der Vögel[145] in FICHARDs Liederbuch weggelassen.

Ich verzichte in diesem Fall auf eine durchgehende Verszählung, weil sie in der Literatur zu den Vogelparlamenten unüblich ist. Zur leichteren Orientierung und zum besseren Vergleich mit der bei BUSCH abgedruckten Parallelüberlieferung zähle ich vielmehr die einzelnen Reden (d.h. die durch Initialen hervorgehobenen Partien im Druck FICHARDs) arabisch durch. Innerhalb der Reden zähle ich die Verse, ebenfalls arabisch. Zwei ausgefallene Verse sind in den Anmerkungen nach KS zitiert. Zu sonstigen Varianten gegenüber der Parallelüberlieferung äußere ich mich nur gelegentlich.

Die eigentümliche und augenscheinlich verwirrte Anordnung der FICHARDschen Fassung wird verständlich, wenn man sich vorstellt, dass die Vorlage des Manuskriptes oder seine Vorvorlage ähnlich angeordnet war wie KS, nämlich positiver und negativer Rat auf gegenüberliegende Seiten verteilt, nur dass die Doppelseiten andere Grenzen hatten als in KS, dass also an anderen Stellen umzublättern war[146]:

1. Doppelseite: FICHARD 1–3 (KS 1, 2, 4) | FICHARD 4–5 (KS 3, 5)
2. Doppelseite: FICHARD 6–8 (KS 6, 8, 10) | FICHARD 9–11 (KS 7, 9, 11)
3. Doppelseite: FICHARD 12–14 (KS 12, 14, 16) | FICHARD 15–17 (KS 13, 15, 17)
4. Doppelseite: FICHARD 18–20 (KS 18, 20, 22) | FICHARD 21–23 (KS 19, 21, 23)
5. Doppelseite: FICHARD 24–26 (KS 24, 26, 28) | FICHARD 27–29 (KS 25, 27, 29)
6. Seite: FICHARD 30 (KS 30)

Wenn diese Doppelseiten fortlaufend abgeschrieben werden, entsteht die Anordnung von FICHARDs Liederbuch. Ob die Anordnung auf Doppelseiten zum ursprünglichen Arrangement gehört, ist nicht sicher. Eine Alternative bietet eine Handschrift aus Moskau (Rossiskij archiv drevnich aktov, Fond 181, Nr. 1357, Opis', ursprünglich aus Amorbach); dort folgen die guten und die schlechten Rat-

rials. Rekonstruktion der Überlieferungsgeschichte. Untersuchungen zur Genese, Ästhetik und Gebrauchsfunktion der Gattung (Beihefte zu Poetica 24), München 2001, auch online verfügbar. Abdruck von KS S. 378–386, zu FICHARDs Liederbuch und zu seinem Verhältnis zu KS S. 123–129.

144 Die Zusammengehörigkeit des Kölner Fragments (Köln, Walraf-Richartz-Museum, Graphische Sammlung, Inv. Nr. 109) und der Stuttgarter Handschrift (Württembergische Landesbibl., Cod. poet. et phil. 2° 4, Bl. 112r–114v) hat PETRA BUSCH erkannt; sie verweist auf einen Parallelfall, den FELIX HEINZER aufgedeckt hatte (Wallraf-Richartz-Jahrbuch 52 [1991], S. 7–15). Demnach hat der Sammler und Kunsthändler Baron Hüpsch aus Handschriften, die er später an Herzog Carl Eugen nach Stuttgart verkaufte, einzelne Blätter herausgetrennt. Neueste Beschreibung der Handschrift: Katalog der deutschsprachigen illustrierten Handschriften des Mittelalters, Bd. 6, München 2015, S. 423–427 (KRISTINA DOMANSKI).

145 Der 'König' ist der Zaunkönig, die guten Ratgeber sind überwiegend edle Greifvögel, aber auch der Papagei; die schlechten sind Geier, Krähe, Gans usw. Pfau und Storch überlegen, wem der König wohl folgen will.

146 Dies (vgl. die Abbildungen BUSCH [Anm. 143], S. 406ff.) spricht gegen die Auffassung von BUSCH (S. 123–129), dass FICHARDs Handschrift direkt aus KS abgeschrieben worden sei.

schläge abwechselnd, nur sind bei den guten Ratschlägen die Vogelnamen rot, bei den schlechten aber schwarz geschrieben.[147]

2,3 Lies *Milte*; *noch staden* entgegen FICHARDs Anmerkung wohl entweder von *stat* 'nach Würde, Stand' oder von *state* 'bei guter Gelegenheit'. – 2,4f. Auch in KS und in der Amorbacher/Moskauer Hs. in dieser Folge, aus Gründen der Syntax vielleicht ursprünglich in der Folge 4-5, sonst hängt 5 syntaktisch in der Luft. Allerdings würde so die Paarreimfolge verwirrt. – 2,6 Lies *stet*. – 3,2f. Eine Zeile ausgefallen, KS und die Amorbacher/Moskauer Hs. lesen: *(So machestu fryden vber alle din lant) Vnd schone here diner armen diet*. – 5,4 *here* = *her*; *krag* = *krage* 'Hals'. – 5,6 Lies *als*, KS liest *fürbaß als ee*. – 7,6 Lies *[] Böse geselschafft schaden dut*, ähnlich KS *Wan boße geschelschafft dir schaden tuth*. – 8,3f. Unreiner Reim; vgl. KS: *So machestu fryden in dynem lande Wan du dugest [?] dinen feynden*; die Amorbacher/Moskauer Hs. liest *So machest du fryde yn deynē lande Wenn du thilgest deyn schande*. – 8,5 *mein*] lies *mere*? KS hat *suche*. – 9,4 Lies *förcht*. – 9,5 Die einzige Stelle, wo die Gefährlichkeit schlimmen Verhaltens thematisiert wird: 'wenn du dabei dein Leben verlierst'. – 10,4 KS liest *karg vnd vngetru*. – 11,4 *plücken* hier 'rauben'. – 13,1 Der Reim ist weniger ungenau, wenn man *drest* liest. – 13,3 Lies *sine feste*? KS und die Amorbacher/Moskauer Handschrift haben allerdings auch *dyn festen*. – 14,1f. KS liest *Ernst vnd scheme saltu han Vnd zu rechter tzijt ab lan*, die Amorbacher/Moskauer Handschrift *Ernst und schemde*. – 15,3 *nuwe*] lies *nu*? KS schreibt allerdings auch *nuw*. – 16,5f. Zwischen beiden Zeilen hat KS noch einen weiteren Vers: *Vnd gude lude von gudem kern*. Busch argumentiert S. 126f., dass FICHARD gegenüber KS gekürzt habe. Der Vers überschreitet jedoch die sonst strikt eingehaltene Verszahl von 6 Versen pro Rat. Es dürfte sich also um einen Zusatzvers von KS handeln. – 17,2 Lies *sweren* oder *gesworen*; KS (und Amorbach/Moskau) liest *einen gesworen eyd*. – 17,5 Lies *Und achte off*? KS liest allerdings auch *Nit acht vff*. Ist die Schwierigkeit durch ein anderes Verständnis der Syntax zu lösen? Etwa so: 'Damit du genug hast, achte nicht darauf, ob dich der Teufel an seinen Pflug spannt'. Für dieses Verständnis könnte auch sprechen, dass in der Amorbacher/Moskauer Handschrift nach *acht* eine Virgel steht. – 19,3 *miede* = *miete*. – 19,6 'wie eine Rohrdrossel' oder 'wie ein Flöte spielender Narr'? – 20,6 Lies *Förchte*. – 21,2 *nun döte* 'neun Todesurteile' oder 'neun Leute ermordet'? – 22,5 Lies *einer* oder *deiner lost* [= *lust*], KS und die Amorbacher/Moskauer Handschrift liest *aller*. – 23,4 *Off setze* Plural von *ûfsaz* 'Auflegen von Steuern, Täuschung'. – 25 Eine abwägende Überlegung, in KS dem *phawe* zugeteilt. – 25,4 Lies *So wird ‹er› mit*. – 25,5 *werren* = *wæren*. – 25,6 KS liest *Der falscher ratt vnd boßes gut*; lies *Wan falscher rat und [] übermut*? – 26 In KS dem *storck* zugeteilt, zum Abschluss 8 statt 6 Verse. – 26,1 Lies *Sollten*. – 26,2 *werret* lies *werent*. – 26,8 *Und*] lies mit KS *So*? – 27,3–6 Die irregulären Kreuzreime ordnet KS (und Amorbach/Moskau) schemagerecht: 3-5-4-6. – 28,5 *drüp* = *trîbe*, vgl.

---

147 REGINA D. SCHIEWER und HANS-JOCHEN SCHIEWER, Amorbacher Handschriften in Moskau, in: Fata Libellorum. Festschrift für Franzjosef Pensel zum 70. Geburtstag, hg. von RUDOLF BENTZINGER und ULRICH-DIETER OPPITZ (GAG 648), Göppingen 1999, S. 239–261, hier lateinische Rubrik S. 249. Für freundliche Hilfe bei der Bestellung einer Fotokopie danke ich dem Slavisten Tilman Berger (Tübingen).

KS *dribe*. − 29 Analog zu 26 als Abschluss acht Verse, in KS der *gans* zugeteilt, aber nicht vollständig erhalten. − 29,2 *werren* = mhd. *wæren*. − 29,4 *Das sin = Des sint*. − 30,3 *düsen = diezen* 'tönen, sich erheben'. − 30,6 Die Rede ist in anderen Handschriften dem *gauch* in den Mund gelegt. − 30,11f. 'Wer das Recht verschweigt und Unrecht lehrt, verändert zum Schlechten sich selbst und das Recht'. − 30,14 Lies *Das man ‹umb lieb noch› umb leit* (so auch KS). − 30,15 Nach diesem Vers sind nach Ausweis der Parallelüberlieferung drei Verse übersprungen, KS: *Nicht von dem rechten sol weychen Sey dem armen oder reychen Doch wirt dz recht vil sere Vmb frewntschafft dik verkeret*; Amorbach/Moskau:[148] *Von dem rechten sol entweichen Es gee an den armen oder den reichen Doch wirt da‹s› recht sere Vmb freuntschafft verkert* [*daz ist mir swere*]; ähnlich Wien 4117.[149] − 30,18 Ab hier weicht KS ab. − 30,21 *stette*] lies *stet*.

LXV − LXVII: Frankfurtisches Archiv II, 1812, S. 54−69.[150]

Die folgenden drei Lieder, in der Handschrift von etwas jüngerer Hand nachgetragen, handeln aus kurpfälzisch-bayerischer Sicht von den Auseinandersetzungen um Pfalzgraf Friedrich I. den Siegreichen, speziell von seinem Sieg bei Seckenheim (heute ein Stadtteil von Mannheim) 1462, bei dem er seine Hauptgegner (Markgraf Karl von Baden, dessen Bruder Bischof Georg von Metz und den Grafen Ulrich von Württemberg) gefangen nehmen konnte. Pfalzgraf Friedrich wird in den Liedern wegen seines Wappens als Löwe tituliert, der Graf von Württemberg wird als Reichsjägermeister mehrfach *jeger* genannt. Die Vorgeschichte des Konflikts: Nach dem frühen Tod seines Bruders hatte Friedrich die Vormundschaft für dessen Sohn übernommen. Er adoptierte diesen mit Zustimmung von dessen Mutter und einer Notablenversammlung und verzichtete auf eine standesgemäße Ehe, konnte aber seinen Anspruch auf die Kurwürde und Übertragung der Regalien gegenüber Kaiser Friedrich III. nicht durchsetzen. Einen Nürnberger Schiedspruch erkannte er nicht an und verfiel der Reichsacht. Ein Streit um den Mainzer Erzbischofsstuhl kam dazu. Friedrich zwang Diether von Isenburg, der gegen Adolf von Nassau mit knapper Mehrheit gewählt, aber vom Papst nicht bestätigt und abgesetzt worden war, auf seine Seite zu treten und ihm Mainzer Besitzungen an der Bergstraße zu verpfänden.

---

148 SCHIEWER/SCHIEWER [Anm. 147], S. 250.
149 S. BUSCH [Anm. 143], S. 396.
150 LILIENCRON, Nr. 114, 113, 112. Neuere Literatur: MÜLLER, S. 245f.; MARTINA BACKES, Das literarische Leben am kurpfälzischen Hof zu Heidelberg im 15. Jahrhundert (Hermaea N.F. 68), Tübingen 1992, S. 128−130; [SONJA KERTH,] *Niuwe maere* vom Krieg: Politische Ereignisdichtungen, herrschaftliche Propaganda, Reimchroniken und Newe Zeitungen, in: HORST BRUNNER u.a., Dulce bellum inexpertis. Bilder des Krieges in der deutschen Literatur des 15. und 16. Jahrhunderts (Imagines medii aevi 11), Wiesbaden 2002, S. 37−109, bes. S. 87−106; BRITITTE PFEIL, Panegyrik am Heidelberger Hof und die Wechselfälle der Handschriftenüberlieferung, in: Grundlagen. Forschungen, Editionen und Materialien zur deutschen Literatur und Sprache des Mittelalters und der Frühen Neuzeit, hg. von RUDOLF BENTZINGER, ULRICH-DIETER OPPITZ, JÜRGEN WOLF (ZfdA. Beiheft 18), Stuttgart 2013, S. 393−415; KLAUS GRAF, Die mediale Resonanz der Schlacht bei Seckenheim 1462, *http://www.archivalia.hypotheses.org/58360*.

LXV (1812: I, S. 56–62): LILIENCRON, Nr. 114.[151] Auch überliefert in einem leicht beschnittenen Einzelblatt, eingebunden in die Handschrift Heidelberg, Universitätsbibl., Cod. Pal. germ. 837 (2. Hälfte 15. Jahrhundert, die Handschrift sonst überwiegend 16. Jahrhundert), Bl. 31rv. Da LILIENCRON die Lesarten unvollständig und z. T. fehlerhaft verzeichnet, führe ich sie hier nach dem Digitalisat an, allerdings ohne die graphischen Varianten und ohne Angabe der (oft überschüssigen) Nebensilbenvokale:

Überschrift (beschnitten): *Das lied der ny‹der›lag.* I–II Die beiden ersten Strophen sind durch zahlreiche Korrekturen von alter Hand verunstaltet; diese haben bemerkenswerterweise das Ziel, die Strophe metrisch zu verbessern. Nach der ersten Zeile der zweiten Strophe bricht der Versuch, die Strophe metrisch zu verbessern ab. Diese Korrekturen verzeichne ich vorweg: I,1 *nu* [*horen*] gestrichen. I,2 *myn* verblasst oder gestrichen. I,3 über *Nu: nun,* über *merckend* ein nicht lesbares Wort; *eben* gestrichen. I,4 *groß* gestrichen. I,5 *lieben* gestrichen. II,1 *gelegen* gestrichen, darüber *kvmt.* II,2 Nicht lesbarer Text vor *Lxii* gestrichen. II,3 und 4 gestrichen, darüber *vn wi ir dryer namen ist dy werden noch hernach benant.* Das Ergebnis der metrischen Verbesserung lautet:

Wolt jr horen ein nuwes geschicht
Zu dem pfalczgrauen hat sich (myn?) hercz verpflicht
Nun merckend wie ich sag
Ein nyederlag ge[schehen] ist
Uff mittwoch vor unser frawen tag
Der da kvmt fornen an der ern

– Nun die Lesarten des ursprünglichen Textes: I,2 *hertz* teilweise beschnitten. I,4 *gesch…* beschnitten. II,2 *uch*] *vns* (über der Zeile nachgetragen). II,5 *hie* fehlt. III,1 *hett*] *hett auch.* III,2 *wolt er umb heidelberg.* III,4 *in* weggeschnitten. III,5 *die*] *sin.* IV,2 *genant*] *ben…* beschnitten. IV,3 *nit von jne.* IV,4 *mit synē gezu…* verblasst und beschnitten. IV,5 *im*] *in dem.* V,1 *dietherich von Isenberg.* V,2 *Da*] *Das. gefangen wurden alle d…* beschnitten. V,4 *zwen; banerher; in* weggeschnitten. V,5 *LX*] *xl.* VI,1 *dietherich von Isenberg.* VI,2 *dryen; ist ey…* beschnitten. VI,3 *kinden.* VI,4 *auch dicke*] *uch d…* beschnitten. VI,5 *yczund zu großen schanden.* VII,2 *er*] *ir.* VII,3 *ine*] *uch.* VII,4 *er alles*] *jr allewegen das; hat*] *hebt.* VII,5 *wolt*] *so will.* VIII,2 *auch* weggeschnitten. VIII,3 *sagten*] *sprachen; nit me*] *nūme.* VIII,4 *b[uer]* weggeschnitten. IX,1 *sagten*] *sprachen.* IX,5 *Nach* verblasst. X,2 *sin* teilweise weggeschnitten. X,3 *so*] *auch so.* X,4 *kr[ieg]* verblasst und teilweise weggeschnitten; *gekommen*] *ye kōmen.* X,5 *vnd jr rietterschafft.* XI,4 *ist* weggeschnitten. XII,1 *den*] *synen.* XII,2 *d[antz]* teilweise weggeschnitten. XII,4 *dem als ich.* XII,5 *uber* teilweise weggeschnitten. XIII,2 *grieffen (ge* weggeschnitten*).* XIII,3 *ine* fehlt; *ist* weggeschnitten. XIV,2 *jn den n[ötten]* weggeschnitten. XIV,3 *rütterbublin.* XIV,4 *nōmē (ge* weggeschnitten*).* XV,2 *sicherli…* beschnitten. XV,5 *uch nit mit den namen genennen.* XVI,2 *klungē jne als.* XVI,4 *sie auch in den welden fande.* XVI,5 *waren an farwen gar.* XVII,2 *mit jme auch ganczen.* XVII,3 *sie auch mit.* XVII,5 *san … org* verblichen; *stritts auch solt.* XVIII,1 *etlichē.*

---

151 Fehlt bei STEIFF-MEHRING.

XVIII,2 *lant* fehlt; *sint kommen* verblasst. XVIII,5 *wolt auch nit*; *argem rechen* verblasst. XIX,2 *fur dyner dure.* XXI,5 *angezoͫen.* XXII,2 *blatten*] *har.* XXII,3−5 *das hantwergk habē sie lang getrieben vnd hett die ritterschafft nit so ser geweret fur den buwern wer er nit lebendig bliben.* XXIV,1 *Din garn hett du; ußgespreyt.* XXV,3 *ußropfen.* XXV,5 *hien hopffen.* XXVI Ganze Strophe fehlt. XXVII,1 *schellen die hefften.* XXVII,4 *brieff die heyß.* XXVIII,2 *uch mit fliss befollen.* XXIX,2 *gar wol*] *wole.* XXIX,3 *es auch ist.* XXIX,5 *er sich veriehen.* Preis des Sieges bei Seckenheim mit Rückblicken auf Vorgeschichte und Einzelheiten. 29 Strophen, Form 4a 4a 4b- 4x 4b- (Variante der Lindenschmidtstrophe mit Neigung zu großer Silbenzahl und freier Kadenzregelung).

I,5−II,2 Zur Datumsangabe vgl. FICHARDs und LILIENCRONs Anmerkung. − III,2 Beide Textzeugen lesen *slemmen*, gemeint ist aber offenbar *flemmen* 'durch Feuer vernichten', vgl. auch IV,1 *gebrant.* − IV,3 *gezuge* = mhd. *geziuge* 'reisige Schar'. V,3 *bliben* ist gegen FICHARDs Anmerkung als 'sind getötet worden' zu paraphrasieren; nach L. handelt es sich um Graf Ulrich von Helfenstein und Rauhgraf Georg von Alten- und Neuen-Baumburg. Der *banerher* (so ist zu lesen!) von Cod. Pal. germ. 837 ist nach FICHARDs Anmerkung Georg Freiherr von Brandiß. − VI,4 *sie* = die *dry hern.* − VII Wechsel zwischen 2. und 3. Person Plural; L. versucht, durch Konjektur *ir* (2 und 4) auszugleichen. − VII,1 *das* = *das recht.* − VII,2 *gewern* wird anders als im Neuhochdeutschen auch im persönlichen Passiv gebraucht. − VII,4 Wenn man die Zeile syntaktisch mit der vorherigen verbindet, wäre *Das* mit 'obwohl' zu übersetzen; wenn man sie mit der nachfolgenden Zeile verbindet, ist sie mit 'weil' zu übersetzen. − VII,5 *by uch bliben* hier wohl 'sich an euch halten'.− VIII,4f. Wohl die *buer* (Reisigen?) der Feinde des Pfalzgrafen. − IX,5 Er hat ihn nicht ähnlich gemalt. − X,2 *ersreckt* = *erschreckt.* − X,5 Lies *sie und ‹ir› Ritterschaft* (L.)? − XIV,1 Mhd. *abestrîchen* intransitiv 'sich entfernen'.[152] − XVI,1 *ersrocken* = *erschrocken.* − XVI,5 D.h. wohl: sie waren tot. − XIX,1 *din gelangen büezen* 'deinen Wunsch erfüllen'. − XIX,4 Bischof Georg von Metz ist geborener Markgraf. − XX,4 Lies *sin* (L.). − XX,5 *wolt* = *woltet.* − XXII Es fehlt nicht der letzte, sondern der 3. Vers, nach dem Einzelblatt in Cod. Pal. germ. 837 lautet er: *das hantwergk* (d.h. das Plattenscheren) *haben sie lang getriben.* − XXII,4f. Die Ritter haben verhindert, dass der Bischof von den 'Bauern' (wohl den nichtritterlichen Dienern des Pfalzgrafen) getötet wurde. − XXIV,1 Lies mit Cod. Pal. germ. 837 *hett du* (L.); es geht um das listige Vorgehen des Pfalzgrafen. − XXIV,5 Die *bueren* sind die nichtritterlichen Reisigen. − XXV,5 Sinn? − XXVI,1f. *lasz sie den fessel swingen...* 'lass sie die Fesseln schütteln, dass es überall in Deutschland bekannt wird'. − XXVII,1 *Redelich Schellen heft ine an* 'häng ihnen beredte Schellen an', d.h. 'behandle sie so, dass es überall bekannt wird'. − XXVIII,3 *weiden* hier in sonst nicht nachweisbarer Verwendung, vielleicht 'gut behandeln, respektieren'.

152 Mhd. Wb., 1, 2013, Sp. 67f.

LXVI (1812: II, S. 62–66): Liliencron, Nr. 113, Steiff-Mehring Nr. 11, Cramer, Bd. 1, S. 247–249, 460,[153] verfasst von Gilgenschein.[154] Nach dem Sieg von Seckenheim. Grundform: 3-/4a 3b | 3-/4a 3b | 3c 3-/4x 3c, mit sehr freier Kadenzregelung und vielen Reimen -e : -en.

II,3 Lies tiere. – III Rückblick auf die rechtlichen Auseinandersetzungen, insbesondere auf den Rechtsspruch von Nürnberg 1459, der gegen den Pfalzgrafen entschieden hatte. – III,3 An yme d. h. an seinem Recht. – III,7 richt = richtet oder Variante von rechen. – V Die zweite Zeile fehlt. – VI,1 Lies Metze. – VI,2 Lies felde. – VI,5 Lies verbliben. – VII,3 Ironisch: 'gewonnen', nämlich als Gefangene. – VIII,6 "Am Fessel (dem um den Fuß gelegten Strick) hielt man den Falken" (L.). – IX,5 wone 'Wohnung'. – IX,7 mane = mannen. – X,4 Lies keren. – X,7 Lies hofgesinde. – XI Der Bischof von Speyer hatte sich auch gegen Friedrich den Siegreichen engagiert und wurde von diesem nach der Schlacht mit Verwüstungen bestraft. – XI,2 'an welcher Stelle dir der Löwe etwas wegnehmen kann'. – XI,3 rug = mhd. ruowe. – XI,6f. Lies sinem; 'wenn du zu seinem Tanz kämst, musst du dem Spielmann seinen Lohn geben (lan = lon'n mit Dativ)', d.h. wohl Androhung eines Schadens. – XII,3 Lies verbliben. – XIII,4 Lies im Reim nicht. – XIII,5f. Das klingt, als sei der Auftraggeber des Lieds ein Ritter gewesen. – XIII,5/7 und XIV,5/7 Ungenaue Reime.

LXVII (1812: III, S. 66–68): Liliencron, Nr. 112, Steiff-Mehring Nr. 9, Cramer, Bd. 1, S. 249–252, 460f.[155] verfasst wie das vorige von Gilgenschein. Vorgeschichte der Schlacht von Seckenheim mit einseitiger Betonung des Mainzer Bistums-Konflikts. Lindenschmidt-Strophe.[156]

II,5 Vor 'als'. – IV,1f. Reim grosz : verstoszen, wie ist zu bessern? – V,2 Markgraf von Baden oder Markgraf Albrecht Achilles, vgl. L.s Anmerkung. – VI,1 Zur Rolle des Bischofs von Speyer, hier angeredet, vgl. Anmerkung zu LXVI Stophe XI. – VIII,5 Lies dem. "Bezieht sich wol auf den Bann, welcher i. J. 1460 über Erzherzog Sigmund verhängt ward, weil derselbe den Nicolaus von Cusa nicht als Bischof von Brixen anerkennen wollte" (L.). – XI,3 weissen = weisen. – XII,1 "H. Otto II. von Mosbach, Kurfürst Friedrichs Vetter und Anhänger" (L.). – XII,3 frislich = frischlich. – XII,4 ieger vgl. Vorbemerkung zu den drei Liedern. – XIII,5, XIV,1 u.ö. loyca 'Gerissenheit, Spitzfindigkeit'. – XV Weitere Bundesgenossen der Gegner: Markgraf Albrecht Achilles von Brandenburg, Herzog Ludwig der Schwarze von Veldenz, Erzbischof Johann von Trier. – XVI Markgraf Karl von Baden oder Markgraf Albrecht Achilles von Brandenburg? L. tippt auf den letzteren: "Der Krieg des Jahres 1461 war für Markgraf Albrecht Achill im Ganzen sehr übel abgelaufen." – XVIII Lies Rin.

153 Weitere Editionen s. Cramer.
154 Vgl. Thomas Cramer, Gilgenschein, in: ²VL 3 (1981), Sp. 44.
155 Weitere Editionen s. Cramer.
156 Frank, S. 384–388.

MEHRFACH ZITIERTE LITERATUR

BAYLESS — MARTHA BAYLESS, Parody in the Middle Ages. The Latin Tradition, Ann Arbor (Mich.) 1996.

BMZ — Mittelhochdeutsches Wörterbuch. Mit Benutzung des Nachlasses von GEORG FRIEDRICH BENECKE ausgearbeitet von WILHELM MÜLLER und FRIEDRICH ZARNCKE, Leipzig 1854−1866, Neudruck Hildesheim 1963, 4 Bde. [Bd. I, II,2 u. III bearbeitet von WILHELM MÜLLER, Bd. II,1 bearbeitet von FRIEDRICH ZARNCKE].

BÖHME — Altdeutsches Liederbuch. Volkslieder der Deutschen aus dem 12. bis 17. Jahrhundert, hg. von FRANZ M. BÖHME, Leipzig 1877.

Carm. Bur. — Carmina Burana, Mit Benutzung der Vorarbeiten WILHELM MEYERs kritisch hg. von ALFONS HILKA und OTTO SCHUMANN, Heidelberg Bd. I.1 1930, Bd. I.2 1941, Bd. 1.3, hg. von OTTO SCHUMANN † und BERNHARD BISCHOFF, 1970, Bd. II.1 Kommentar 1930, ²1961 (mehr nicht erschienen); Carmina Burana, hg. von BENEDIKT KONRAD VOLLMANN (Bibliothek des Mittelalters 13), Frankfurt am Main 1987 (beide Ausgaben zählen gleich).

CRAMER — Die kleineren Liederdichter des 14. und 15. Jahrhunderts, hg. von THOMAS CRAMER, Bd. 1−4, München 1977−1985.

ERK/BÖHME — Deutscher Liederhort. Auswahl der vorzüglicheren Deutschen Volkslieder [...] gesammelt und erläutert von LUDWIG ERK [...] nach ERKs handschriftlichem Nachlasse und auf Grund eigener Sammlung neubearbeitet und fortgesetzt von FRANZ M. BÖHME, 3 Bde., Leipzig 1893/94.

DWb. — JACOB GRIMM und WILHELM GRIMM, Deutsches Wörterbuch, Leipzig 1854–1961. Dazu Quellenband Stuttgart 1971.

FORSTER — Georg Forsters Frische Teutsche Liedlein in fünf Teilen, hg. von M. ELIZABETH MARRIAGE, Halle 1903 (Neudrucke deutscher Litteraturwerke 203−206). Vgl. Georg Forster, Frische teutsche Liedlein (1539−1556), I (1539), hg. von KURT GUDEWILL, Textrevision von WILHELM HEISKE (Reichsdenkmale deutscher Musik, Abt. Mehrstimmiges Lied 3), Wolfenbüttel/Berlin 1942; dass., II (1540), hg. von KURT GUDEWILL und HINRICH SIUTS (Erbe dt. Musik, Abt. Mehrst. Lied 5), Wolfenbüttel/Zürich 1969; dass., III−V (1549−1556), hg. von KURT GUDEWILL und HORST BRUNNER (Erbe dt. Musik, Abt. Mehrst. Lied 6−8), Wolfenbüttel/Zürich 1976−1987.

FRANK — HORST JOACHIM FRANK, Handbuch der deutschen Strophenformen, Tübingen/Basel ²1993.

Frühnhd. Gramm. — Frühneuhochdeutsche Grammatik. Hg. von OSKAR REICHMANN und KLAUS PETER WEGERA (Sammlung kurzer Grammatiken der germanischen Dialekte A.12), Tübingen 1993.

Frühnhd. Wb. — Frühneuhochdeutsches Wörterbuch, hg. von ROBERT R. ANDERSON, ULRICH GOEBEL, OSKAR REICHMAN, später auch ANJA LOBENSTEIN-REICHMANN, Berlin/New York 1989ff.

Hätzlerin | Liederbuch der Clara Hätzlerin, hg. von CARL HALTAUS. Mit einem Nachwort von HANNS FISCHER (Deutsche Neudrucke), Berlin 1966.

HERCHERT | GABY HERCHERT, "Acker mir mein bestes Feld". Untersuchungen zu erotischen Liederbuchliedern des späten Mittelalters (Internationale Hochschulschriften 201), Münster/New York 1996.

¹HOFFMANN | HEINRICH HOFFMANN [von Fallersleben], Geschichte des deutschen Kirchenliedes bis auf Luthers Zeit. Ein litterarhistorischer Versuch, Breslau 1832.

³HOFFMANN | A[UGUST] H[EINRICH] HOFFMANN VON FALLERSLEBEN, Geschichte des deutschen Kirchenliedes bis auf Luthers Zeit. Anhang: In dulci iubilo nun singet und seid froh, Hildesheim 1965 (Nachdruck der 3. Auflage Hannover 1861).

HOLTORF | ARNE HOLTORF, Neujahrswünsche im Liedeslide des ausgehenden Mittelalters. Zugleich ein Beitrag zur Geschichte des mittelalterlichen Neujahrsbrauchtums in Deutschland (GAG 20), Göppingen 1973.

KIEPE | Gedichte 1300–1500, hg. von EVA und HANSJÜRGEN KIEPE (Epochen der deutschen Lyrik 2), München 1972.

KLINGNER/LIEB | JACOB KLINGNER und LUDGER LIEB, Handbuch der Minnereden, 2 Bde., Berlin/Boston 2013.

Königsteiner Ldb. | Das Königsteiner Liederbuch. Ms. germ. qu. 719 Berlin, hg. von PAUL SAPPLER (MTU 29), München 1970.

KORNRUMPF | GISELA KORNRUMPF, Virelais-Balladen unter den Liebesliedern in Fichards Liederbuch – und Rondeaux?, in: Vom vielfachen Schriftsinn im Mittelalter. Festschrift für Dietrich Schmidtke, hg. von FREIMUT LÖSER und RALF G. PÄSLER (Schriften zur Mediävistik 4), Hamburg 2005, S. 247–263.

LEHMANN | PAUL LEHMANN, Die Parodie im Mittelalter. 2., neu bearbeitete und ergänzte Auflage, Stuttgart 1963.

LEXER | MATTHIAS LEXER, Mittelhochdeutsches Handwörterbuch. Zugleich als Supplement und alphabetischer Index zum Mittelhochdeutschen Wörterbuche von BENECKE-MÜLLER-ZARNCKE, 3 Bde., Leipzig 1872–1878.

Lieder-Saal | Lieder-Saal. Sammlung altdeutscher Gedichte, hg. von JOSEPH FREIHERR VON LASSBERG, 3 Bde., Neudruck der Ausgabe von 1820/25, Darmstadt 1968.

LILIENCRON (in Anm. L.) | Die historischen Volkslieder der Deutschen vom 13. bis16. Jahrhundert, Bd. 1, hg. von ROCHUS VON LILIENCRON, Leipzig 1865 (Nachdruck Hildesheim 1965).

Lochamer-Ldb. | Das Lochamer-Liederbuch. Einführung und Bearbeitung der Melodien von WALTER SALMEN, Einleitung und Bearbeitung der Texte von CHRISTOPH PETZSCH (Denkmäler der Tonkunst in Bayern NF Sonderband 2), Wiesbaden 1972.

MASCHEK | Lyrik des späten Mittelalters, hg. von HERMANN MASCHEK (Dt. Lit. in Entwicklungsreihen, Realistik des Sätmittelalters 6), Leipzig 1939.

Mhd. Gramm. | HERMANN PAUL, Mittelhochdeutsche Grammatik. 25. Auflage, neu bearbeitet von THOMAS KLEIN, HANS-JOACHIM SOLMS und KLAUS-PETER WEGERA. Mit einer Syntax von Ingeborg SCH[R]ÖBLER, neubearbeitet und erweitert von HEINZ-PETER PRELL (Sammlung kurzer Grammatiken germanischer Dialekte A 2), Tübingen 2007.

Mhd. Wb.   Mittelhochdeutsches Wörterbuch, hg. von KURT GÄRTNER,
                         KLAUS GRUBMÜLLER und KARL STACKMANN, Stuttgart 2006ff.
Mönch   Die weltlichen Lieder des Mönchs von Salzburg. Texte und Melo-
                         dien, hg. von CHRISTOPH MÄRZ (MTU 114), Tübingen 1999.
MÜCK   HANS-DIETER MÜCK (Unter Mitwirkung bei Hs. K von DIRK
                         JOSCHKO), Untersuchungen zur Überlieferung und Rezeption
                         spätmittelalterlicher Lieder und Spruchgedichte im 15. und 16.
                         Jahrhundert. Die 'Streuüberlieferung' von Liedern und Reim-
                         paarrede Oswalds von Wolkenstein, 2 Bde. (GAG 263), Göp-
                         pingen 1980.
MÜLLER   ULRICH MÜLLER, Untersuchungen zur politischen Lyrik des
                         deutschen Mittelalters (GAG 55/56), Göppingen 1974.
PETZSCH   CHRISTOPH PETZSCH, Das Lochamer-Liederbuch. Studien
                         (MTU 19), München 1957.
Rostocker Ldb.   Das Rostocker Liederbuch nach den Fragmenten der Hand-
                         schrift neu hg. von FRIEDRICH RANKE und J. M. MÜLLER-
                         BLATTAU (Schriften der Königsberger Gelehrten Gesellschaft,
                         Geisteswiss. Klasse, 4. Jahr, Heft 5), Halle (Saale) 1927. Eine
                         kommentierte Neuausgabe durch FRANZ JOSEF HOLZNAGEL
                         und andere ist in Vorbereitung.
Oswald v. W.   Die Lieder Oswalds von Wolkenstein, hg. von KARL KURT
                         KLEIN, 4., grundlegend neu bearbeitete Aufl. von BURGHART
                         WACHINGER (ATB 55), Berlin/Boston 2015.
SCHULZ-GROBERT   JÜRGEN SCHULZ-GROBERT, Deutsche Liebesbriefe in spätmit-
                         telalterlichen Handschriften. Untersuchungen zur Überliefe-
                         rung einer anonymen Kleinform der Reimpaardichtung (Her-
                         maea N.F. 72), Tübingen 1993.
SITTIG   DORIS SITTIG, *Vyl wonders machet minne*. Das deutsche Lie-
                         beslied in der ersten Hälfte des 15. Jahrhunderts. Versuch einer
                         Typologie (GAG 465), Göppingen 1987.
STEIFF-MEHRING (in Anm. St.-M.) Geschichtliche Lieder und Sprüche Württembergs, unter Mit-
                         wirkung von GERHARD MEHRING hg. von KARL STEIFF, Stutt-
                         gart 1912.
Uhlands Schriften   Uhlands Schriften zur Geschichte der Dichtung und Sage, Bd.
                         III [hg. von FRANZ PFEIFFER]: Abhandlung über die deutschen
                         Volkslieder, Stuttgart 1866; Bd. IV [hg. von WILHELM LUD-
                         WIG HOLLAND], S. 1–325: Anmerkungen zu den Volksliedern,
                         Stuttgart 1869.
Uhlands Volkslieder   Alte hoch- und niederdeutsche Volkslieder mit Abhandlung
                         und Anmerkungen hg. von LUDWIG UHLAND [ursprünglich
                         1844/45], benutzt nach: dass., mit einer Einleitung von HER-
                         MANN FISCHER, Stuttgart, Berlin o.J. [nur mit Quellennachwei-
                         sen, ohne die Abhandlung].
[2]VL   Die deutsche Literatur des Mittelalters. Verfasserlexikon, hg.
                         von KURT RUH zusammen mit GUNDOLF KEIL, WERNER
                         SCHRÖDER, BURGHART WACHINGER, FRANZ JOSEF WORST-
                         BROCK, Redaktion KURT ILLING (nur Bd. 1), CHRISTINE
                         STÖLLINGER, Berlin/New York 1978–2008, ab Bd. 9 hg. von
                         BURGHART WACHINGER zusammen mit GUNDOLF KEIL, WER-
                         NER SCHRÖDER, Kurt Ruh, FRANZ JOSEF WORSTBROCK.
WACKERNAGEL   WILHELM WACKERNAGEL, Die Farben- und Blumensprache
                         des Mittelalters, in: ders., Kleinere Schriften I. Abhandlungen
                         zur deutschen Althertumskunde und Kunstgeschichte, Leipzig
                         1872, S. 143–240.

ALPHABETISCHES INITIENVERZEICHNIS

mit den Seiten von Text und Kommentar

ZEITSCHRIFT FÜR DEUTSCHES ALTERTUM
UND DEUTSCHE LITERATUR — BEIHEFTE

Herausgegeben von Jürgen Wolf.

S. Hirzel Verlag

ISSN 1432–5462

16. Stefan Abel / Nicole Eichenberger (Hg.)
    Jos von Pfullendorf: 'Das Buch mit den farbigen Tuchblättern der Beatrix von Inzigkofen'
    Untersuchung und Edition
    2013. 104 S. mit 5 Abb., kt.
    ISBN 978-3-7776-2258-3

17. Marc Müntz (†) / Gabriela Signori (Hg.)
    Eine frühmittelalterliche Einsiedlerregel und ihre spätmittelalterlichen Leserinnen
    Die 'Waldregel' der Stiftsbibliothek St. Gallen, Cod. Sang. 930
    2013. 152 S. mit 3 Abb., kt.
    ISBN 978-3-7776-2300-9

18. Rudolf Bentzinger / Ulrich-Dieter Oppitz / Jürgen Wolf (Hg.)
    Grundlagen
    Forschungen, Editionen und Materialien zur deutschen Literatur und Sprache des Mittelalters und der Frühen Neuzeit
    2013. XII, 596 S. mit 50 Abb. und 4 Tab., geb.
    ISBN 978-3-7776-2348-1

19. Bernhart Jähnig / Arno Mentzel-Reuters
    Neue Studien zur Literatur im Deutschen Orden
    2014. VIII, 320 S., kt.
    ISBN 978-3-7776-2236-1

20. Joachim Heinzle
    Traditionelles Erzählen
    Beiträge zum Verständnis von Nibelungensage und Nibelungenlied
    2014. 345 S. mit 62 Abb., geb.
    ISBN 978-3-7776-2407-5

21. Uwe Meves
    Wahlvorschläge für und von Germanisten an der Preußischen Akademie der Wissenschaften (1826–1900)
    Von Jacob Grimm bis Eduard Sievers
    2014. 136 S. mit 12 Abb., geb.
    ISBN 978-3-7776-2399-3

22. Balázs J. Nemes
    Das lyrische Œuvre von Heinrich Laufenberg in der Überlieferung des 15. Jahrhunderts
    Untersuchungen und Editionen
    2015. 151 S., geb.
    ISBN 978-3-7776-2489-1

23. Johannes Dickhut-Bielsky
    Auf der Suche nach der Wahrheit in 'Annolied' und 'Kaiserchronik'
    Poetisch-historiographische Wahrheitssuche in frühmittelhochdeutschen Geschichtsdichtungen
    2015. 278 S., geb.
    ISBN 978-3-7776-2401-3

24. Daniel Könitz
    Der Bussard
    Edition, Übersetzung und Kommentar
    2017. 212 S. mit 30 Abb., geb.
    ISBN 978-3-7776-2547-8

25. Franz Josef Worstbrock
    Konrad Peutinger
    Neue Briefe und Briefgedichte aus seiner Korrespondenz
    2017. 96 S., geb.
    ISBN 978-3-7776-2623-9

26. Wolfgang Beck
    Deutsche Literatur des Mittelalters in Thüringen
    Eine Überlieferungsgeschichte
    2017. X, 369 S., geb.
    ISBN 978-3-7776-2389-4

27. Ralf G. Päsler
    Ludwig Tiecks "Heldenbuch"
    Texte und Materialien
    2018. 231 S. mit 7 Abb., geb.
    ISBN 978-3-7776-2691-8

28. Monika Unzeitig / Christine Magin / Falk Eisermann (Hg.)
    Schriften und Bilder des Nordens
    Niederdeutsche Medienkultur im späten Mittelalter
    2019. XII, 208 S. mit 5 Abb., 3 Tab. und 16 Taf., geb.
    ISBN 978-3-7776-2764-9

29. Elke Krotz / Norbert Kössinger / Henrike Manuwald / Stephan Müller (Hg.)
    Rudolf von Ems
    Beiträge zu Autor, Werk und Überlieferung
    2020. VIII, 388 S. mit 34 Abb., geb.
    ISBN 978-3-7776-2679-6

30. Alissa Theiß
    Höfische Textilien des Hochmittelalters
    Der 'Parzival' des Wolfram von Eschenbach
    2020. 516 S. mit 35 s/w-Abb. und 136 Farbabb., geb.
    ISBN 978-3-7776-2670-3

31. Elisabeth Schmid / Clara Strijbosch (Hg.)
    Die mittelniederländischen 'Perceval'-Fragmente
    Einführung, Übersetzung und Kommentar
    2020. V, 79 S. mit 17 Abb., geb.
    ISBN 978-3-7776-2801-1

32. *in Vorbereitung*